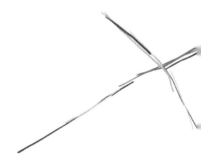

身為守護者的少年們

ヤングケアラー　介護する子どもたち

每日新聞編輯部取材班——著
蕭秋梅——譯

搶救卡在人生起跑點的年輕照顧者

家庭照顧者關懷總會祕書長／陳景寧

對於「年輕照顧者（Young Carer）」，我們真的知道得太少，做得不夠。

謝謝《每日新聞》記者群努力不懈，讓我們有機會了解現今社會中，有些兒童與青少年因家庭關係被迫提早長大：例如小學六年級起照顧失智症祖母的純一、國一在寒冷冬夜陪思覺失調母親遊走街頭的北川幸、從小協助母親照顧兩位身障手足的紗希，這些孩子擁有的是「失落的童年」，進而影響到自己的人生。這是什麼樣的感覺呢？就像照顧失智症外婆的子晴，在台灣探討年輕照顧者的公共電視台節目上說的，就像彈琴卻一直在某段落出錯，怎麼都彈不對——「我卡住了」。年輕照顧者，就像在人生起跑點上卡關的一群人。

「年輕照顧者」是很困難書寫的主題，許多當事人看到報導後才知道自己原來曾是年輕照顧者，而當事人又礙於家人想法而難以現身。本書可貴之處在於，除了孩子的故事，還提到日本輿情變化，例如二十一歲孫女殺死九十歲失智症祖母被判緩刑的照顧悲劇事件引發熱議，連名導宮崎駿作品「龍貓」主角是不是兒少照顧者也開始有反思。還有更多是《每日新聞》記者自身心情與反思，歷經三年疫情採訪困難，從陌生、好奇、理解、同情，從完成一項工作到鼓吹社會重視，甚至對政治部門展開倡議，誠如田中記者所說，「與其說是採訪，更像是在推動一項社會運動」，值得台灣借鏡。

年輕照顧者，原來並不少？

什麼是「年輕照顧者」？先進國家大多界定在十八歲以下未成年者，也有些國家（例如澳洲）擴及二十五歲以下的年輕人。英、澳定義年輕照顧者是「無酬照顧或支持身心障礙、精神疾病、慢性疾病、藥酒癮的虛弱家人或朋友」，推估約占總人口的一%至二%間。日本政府二〇二一年針對全國「十八歲以下，負擔應由大人從事的家務或照顧工作」，發現國中生，每十七人中有一人是照顧者；高中生（全日制），每一百人中有四人是照顧者；高中生（定時制），每一百人中有八人是照顧者；高中生（通信制），每十人中有一人是照顧者，人數之多舉國嘩然，也發現年輕照顧者因在一般高中無法正常就讀，而轉往定時制或通信制高中就讀。反觀台灣，至今未有調查數據，也無法採取正確對策。

被簡化、美化的「年輕照顧者」問題

「年輕照顧者」明明存在那麼多年，爲何一直被漠視？因爲，家庭本來就是一個複雜議題。有人堅持這是家庭和樂融融的互助行爲，可增加孩子敏感度、提早發展生活技巧、學會負責等等，外人不應該介入，甚至該給予肯定。台灣二〇二三年「孝行獎」就有六位學生因照顧失能長輩獲得表揚，最小的是十六歲。

但實際上，當我們深究「年輕照顧者」負擔了什麼工作？卻讓人感到心疼。包括協助失能家人上下樓、起身、移位、洗澡、如廁、換尿布、剪指甲、購物、買菜、備餐、洗衣服、吃藥或注射藥物等，或碰觸私密處的尷尬狀況，連大人都覺得吃力的工作，對正處敏感又多愁善感的兒少，不只是身體疲累，心理壓力可想而知。有些孩子照顧的甚至是嚴重的精神疾患或藥酒癮家人，或者被家人制止求助，孩子的恐懼、難爲情可想而知，也影響其日後生涯發展。

除了長照資源，年輕照顧者更需要的是「友善校園」。

羨慕日本在這波「年輕照顧者」倡權運動後，短時間就在政策上有了重要突破，埼玉縣議會在二〇二〇年三月，通過訂定自治條例支援兒少照顧者對策，成爲全國首例。爾後中央政府有鑑於民意高漲，在二〇二一年制訂兒少照顧者支援手冊，要求學校或教育委員會、政府社福部門、地區諮詢機構等相互串聯，共同提供支援。日本政府並承諾自二〇二二年起三年間，將社會大眾對兒少照顧者不到兩成的認知度提高至五成。

正巧在台灣，也發生著同樣的事。二〇二〇年四月四日兒童節前夕，台灣願景工程基金會與中華民國家庭照顧者關懷總會(家總)歷經數個月籌備的年輕照顧者報導曝光。五月份，立法院舉辦行政部門專案報告，教育部長承諾在三個月內提出對策。九月間，家總在行政院社會福利推動委員會提出「一不三要」訴求：停止孝行獎頒獎表揚未成年照顧者；此外，教育部門應推動「友善照顧校園」，盡速連結長照服務，打造讓孩子能「能安心說」、「說了有用」的環境。教育部門應優先推動「年輕照顧者的調查」、「建立年輕照顧者支持需求評估與工作方法」、「制定正確認知年輕照顧者的教材，辦理師生培力課程」等三項工作。除了優先提供長照資源，其實任何身處照顧風暴的孩子身心都會受到影響，因此孩子密切接觸的校園，師生表達的理解、關懷與支持，更為重要。

維護年輕照顧者人權，成人責無旁貸！

一九九〇年通過的聯合國《兒童權利公約》提到，應維護十八歲以下未成年者的生存權利、發展權利、參與權利、受保護權利。英國一九九五年《照顧者認可與服務法（Carers Recognition and Services Act）》即將十八歲以下的未成年照顧者列入法律保障對象，政府必須進行需求評估，提供相關資訊和支持服務，例如允許暫時遠離學習的休息，或上課可攜帶手機、可晚到校等權宜措施，以保障孩子的「正常童年（normal childhood）」：「一段應該上學、有時間玩與交朋友、完成社會化、依賴他人而非被別人所依賴的時期」。身爲成人的我們，對於年輕照顧者的權利保障，責無旁貸。

謝謝這本書來得正是時候，不論是需要提升專業知能的教師或社工，還有想盡一份心力的一般民眾，讓對年輕照顧者還相當陌生的台灣有所借鏡。此外，建議能善用此書提供給周邊可能身陷照顧困境的孩子，幫助他們理解生命中正在發生的大事？若有任何需要，歡迎撥打０８００５０７２７２家庭照顧者關懷專線諮詢。孩子無法切割原生家庭，但更多社會支持、陪伴與引導，能幫助他們減少壓力、更多歡笑，「關關難過關關過」，安穩度過人生逆境。

目次

這本書是根據每日新聞刊登的「ヤングケアラー 幼き介護」重新撰寫而成。
書中的年齡、職稱爲當時之資料。此書中並無使用尊稱。

序章

他佇立在剪票口附近的麵包店前等著。

二〇二〇年二月，晴朗無雲、冬陽和煦的東京，中午過後即颳起強風。一身深藍色夾克、牛仔褲裝扮的他，看起來就像個隨處可見的平凡大學生。沒人會察覺他從小學就開始照護祖母，往來的行人對他也絲毫不感興趣，他兀自縮著脖子，穿梭在車站外面的瑟瑟寒風中。

當天早報清一色是停靠在橫濱的「鑽石公主號」遊輪相關報導。這是日本首度發生的新冠肺炎群聚感染。即便如此，路上戴口罩的人還是寥寥無幾。要過一段時間後，全球才會知道這未知病毒的凶猛威力。

歷經約一個月的電子郵件往來後，他指定碰面接受採訪的地點是，位於東京市中心的市之谷。除了在郵件中詳述會合地點的所在，他還附上地標店家的照片，在在令人感受到他細膩嚴謹的個性。

隸屬《每日新聞》特別報導部的向畑泰司，先到附近查看有無適合用來訪談的咖啡廳後，再依約於下午兩點來到車站與他會合。兩人互相自我介紹後，他開口第一句話就說：「風又大又冷，不知道有沒有讓您久等？」

接著又關心地問道：「這個地點會不會很難找？」果如郵件字裡行間透露

的，是個體貼認眞的年輕人。

前往咖啡廳的路上，爲了舒緩他緊張的情緒，向畑泰司隨口問了他近況。他表示，大學畢業在即，除了寫畢業論文，還要打工、探望三年前住進療養設施的祖母，每天都忙得不可開交。

「已經接到錄取通知，確定到超市就職，畢業論文也終於寫完了」。他一邊邁著步伐，一邊臉上浮起鬆了口氣的表情。向畑也應和著說：「那眞是太好了，恭喜。」

其實向畑此刻比平常來得緊張許多。據他所知，受訪對象從幼年時期就一肩挑起照護的重擔和責任。「很多孩子還無法理清自己心中照護家人的經驗。所以，請務必體諒、關照他們的感受」，專家和支援團體這樣建議向畑。

向畑雖然採訪經驗豐富，但是這次的訪談卻需要異於平常的細膩和顧慮。寒風呼嘯的街頭喧囂紛擾，打亂向畑的平常心，也令他感到些許鬱悶。

說起來，向畑其實是有點半信半疑的。從小學就擔任自己奶奶的「主要照護者」，並且一做就做了近十年。眞的有這樣的小孩嗎？如果只是輔助性的幫忙，還可以理解……

「和居服員、照護支援專員溝通聯繫，全都是我的工作。」他說。

雖然如此，可以直接採訪所謂「兒少照顧者」（young carer）的當事人，對他來說是個千載難逢的機會：

「我是記者，所以也許會問到一些你不願再想起的事，或是不想被觸及的問題。碰到這種情況時，不必勉強回答喔。」

到了咖啡廳，兩人才隔著桌子面對面就座，他就笑著回答：「您儘管問。只要能說的，我會毫無保留地和盤托出。」

採訪時間長達兩個小時。訪談內容大致如下：

他從小學六年級就開始照顧祖母，每天準備早餐和晚餐。全權負責與照護支援專員、居家照顧服務員（以下簡稱「居服員」）等成人的溝通聯繫事宜。

他躲在學校廁所講電話，安撫對他奪命連環 call 的祖母。

放學後立刻回家，陪祖母一起唱歌、聊天。

隨著祖母失智症惡化，他變得常要承受她的惡言相向。

他心力交瘁，情緒潰堤，對著房間牆壁丟東西。

但是，唯獨絕不對祖母丟東西。

被他幫忙清理下半身時，祖母哭了。

他的照護歷程從小六一直持續到大一，而這樣的處境幾乎不曾受到周圍關懷重視。但是，他既沒有悲觀，反倒像是理所當然似地，時而穿插些玩笑話，坦然訴說那種孤獨。那態度實在太過超然，讓他看起來比實際年齡成熟許多。不計其數的插曲，既具體、詳細又眞實。在在說明這無庸置疑地，是一個貨眞價實的兒少照顧者的故事。

向畑問他，是否會對自己一直以來的境遇感到怨懟。

「雖然在進行照護的當時不免怨天尤人，但是現在已能覺得，因爲做過照護所以也獲得很多。」

他說自己是第一次接受媒體採訪。

「爲什麼願意接受採訪？」

「大概是想讓人們知道我們這種小孩的存在吧。雖然我不清楚需要什麼支援，但還是希望更多人瞭解我們的處境。如果因爲我說出來而可讓目前身處困境、孤單無援的其他兒少照顧者獲得些許幫助，我願意出面接受採訪。」

兩人步出咖啡廳時，強風已經停歇。向畑站在車站的剪票口，目送鄭重道別的他離去。

向畑確信今天的採訪可以寫成一篇報導。只要是記者，不管是誰都會在採訪成功時感到雀躍萬分。但是，此刻他心裡卻充滿了不安和沉重的壓力。

他以不著痕跡的勇氣和決心，娓娓道出那段也許其實並不想說予外人知曉的辛酸歲月。面對這樣的他，自己能否寫出一篇足以回報的報導？自己是否有這個資格？報導會不會反而擾亂他們的心思或家庭，讓他們陷入不幸？

這既非社會喧騰一時的事件，也不是什麼獨家報導。說穿了，「兒少照顧者」這個令人似懂非懂的名詞，幾乎可說完全不爲大眾所知曉。

雖然如此，也不能斷定沒有其他小孩處在類似的家庭環境。像他這樣的兒少照顧者，日本應該爲數不少吧。這個日趨少子高齡化和小家庭化的國家，即將迎來與兒少照顧者密不可分、切也切不斷的時代。不！說不定早就已經邁入這樣的階段了。在有限的時間內，還有多如牛毛的事項必須調查。

冬天太陽比較早下山。他剛離去的薄暮街道已再次恢復沉靜。

基於某些緣由，在此不能寫出他的眞實姓名。

姑且以谷村純一的化名稱之。

祖母高燒　初戀消逝

一早他就坐立難安。

二〇一〇年四月，正值風光明媚、生機盎然的春季。谷村純一（化名）才剛小學畢業，升上國一，他獲邀同遊迪士尼樂園。邀他的女孩是兒時玩伴，也是純一心儀的對象。「純一生日不是快到了嗎？一起去吧！」女孩說著給了他門票。

他忍不住在心裡歡呼：太讚了！這是約會吧！

期待已久的假日終於來臨，兩人一起搭電車到JR舞濱站，一下車，剪票口前方就散發著非日常的空氣，令人不禁心情雀躍了起來。要玩哪個遊樂設施呢？接下來呢？

時間來到早上十點，兩人才通過入園閘門不久，純一的手機就突然響起。電話那頭，傳來日間照顧中心工作人員慌張的聲音：

「你奶奶發高燒了，請快來接她回家。」

什麼？現在嗎？這些大人，什麼時間不好挑，偏偏挑在今天第一次直接聯絡純一。

這家日間照顧中心是當時八十五歲的祖母喜美子（化名）接受照護的機構。父母離異後，純一歸爸爸撫養，父子兩人相依爲命。在民間企業任職、工作繁忙的爸爸，當天不巧到北海道出差，不在東京。

灰姑娘城堡已經近在眼前，時間點眞的糟透了！

「抱歉！」

急忙跟她說明原委後，他就直接跳上電車原路折返東京，一刻也不敢耽擱地，直接前往市中心的設施接祖母回家。

他和女孩的關係就這麼悄然結束。隔天開始，他甚至再也不敢和她攀談。

喜美子是爸爸的母親。她獨居的房子，距離純一和爸爸生活的公寓，走路大約兩分鐘。對三歲就和媽媽分離的純一而言，喜歡打扮、擅長廚藝的喜美子，可說是從小就代替媽媽養育他長大的存在。

純一小學四年級時，全家一起到輕井澤旅行，喜美子不慎跌倒，導致左腳骨折。由於無法保持身體的平衡，喜美子變得必須隨時隨地拄著枴杖。也被判定需要接受照護。當時，喜美子每個月回診一次，每次去醫院時，純一都一定會陪同前往。

小學六年級的某天，純一跟平常一樣，放學就來到喜美子家。純一用手上的鑰匙開門進去。

「咦？怎麼不在？」純一心裡疑惑著為何沒看到喜美子。如果是外出，祖母應該會留字條才對，但是並沒有看到字條。她會去的地方不外乎美容院或醫院，今天星期二，美容院公休，所以應該是去醫院了。

於是，純一就自行前往醫院。到達醫院後，他問櫃臺人員：「請問我奶奶有來嗎？」

櫃臺人員說喜美子因為暈眩不適，搭計程車來醫院看診。接著，純一就直接被帶到主治醫師的診間。醫師說喜美子感染肺炎，必須住院。

純一急忙趕回家中，收拾喜美子的換洗衣物、牙刷。就在他馬不停蹄地趕回醫院後，這次則是要繳納喜美子住院的保證金，而且醫院要求今天或明天就要繳清。

保證金竟然要十萬日圓……對小六的純一而言，這是一筆無法想像的天大數字。那一天，爸爸也是到外地出差不在。

就在焦頭爛額之際，他突然想起祖母藏私房錢的地方。不足的金額，他則是從自己存壓歲錢的存摺領出後補足。純一代墊的錢，爸爸後來如數歸還給他。經過電腦斷層掃瞄檢查後，醫生發現喜美子也有腦梗塞，住院時間也因而延長。

喜美子好不容易出院之後，樣子開始不對勁。

才說過的話、發生過的事立刻就忘得一乾二淨，這類情形愈來愈多。想在廚房燒開水，卻把水壺燒個焦黑。種種跡象都是失智症的徵兆。

純一和爸爸一致認爲得設法別讓她用火了。自此之後，不用爸爸吩咐，純一就主動擔起準備早餐和晚餐的任務。或許這也是只有父子兩人的單親家庭必然的發展吧。考量到奶奶單獨在家可能會發生危險，純一也主動照料起喜美子的日常起居。

他十二歲的生活，自此完全改變。放學鐘聲響起時，他不是回公寓，而是

純一從小學六年級就照護患有失智症的祖母。幫祖母到附近超市購物，是他每天的例行公事。

立刻前往祖母家，陪祖母追劇或唱歌共度時光。到了傍晚，純一就去超市或便利商店買兩人份的便當或熟食、麵包，外帶回家和奶奶一起吃。一開始大多買便當，後來考慮到喜美子的健康，也開始買燉煮的菜餚或漬菜等。

伙食費則是由爸爸每月預先交給他二、三萬日圓，他再自行安排花用。爲了日後給爸爸查看，他每天記帳。貼完一張一張的收據後，他的放學時間才算結束。等到晚上九點過後，他才走路回自己住的公寓，洗澡、寫功課。然後，到了早上，他就再度到祖母家，照料她吃過前晚剩的飯菜後，再去上學。

白天則是由日間照顧中心或居服員協助照顧祖母。居服員一週來家裡幫忙兩天，而給居服員的「聯絡簿」，也是隨時陪在祖母身邊的純一負責撰寫。他會把祖母前一天或當天早上的狀況，鉅細靡遺地寫進聯絡簿內。喜美子身體不適時，居服員會爲她準備適合她身體狀況的中餐。每當枴杖不離身的喜美子外出時，純一一定會陪同出門，用他的小手牽住奶奶，以免她跌倒。

純一再也無法和朋友一起玩。即便朋友邀他，他也往往因爲「要帶奶奶去醫院」而無法參加。縱然如此，對純一而言，喜美子畢竟是一直以來肩負母職、照顧自己的重要家人。他的小心靈裡多少有點自豪，認爲「自己在做好事」。隨著照護的日子一天一天過去，祖母家變成純一的一方天地，照顧祖母也成爲他的工作。

自那衝擊的「迪士尼日」之後，純一變成居服員和照護支援專員商議喜美子照護事宜的對象。

所有的照護工作都由純一包辦。這樣的狀況大約持續了七年。

喜美子家裡常寄來純一摸不著頭緒的健康食品。

「這你買的嗎？」

「不知道。」

問喜美子，喜美子也只是一臉事不關己的模樣。雖然碰到貨到付款的商品時，也只能無奈付錢，但是次數卻愈來愈頻繁，半年就收到十件左右。終於受不了的純一只好聯絡寄件人，沒想到一問之下，確實是喜美子訂購的商品，只是她本人根本忘了這回事。

於是，每逢這類包裹寄來時，純一就必須聯絡店家，向他們說明原委，請對方辦理退貨手續。

照護生活中，最讓純一感到苦惱的就是喜美子打來的電話。

每天傍晚六點過後，純一跟喜美子說聲「我去買晚餐」後就會外出。喜美子也總是笑瞇瞇地說「路上小心」，目送他出門。

然而，當他走在路上時，手機就會響起。

「小純，你在哪裡？」

她的語氣雖然溫和，卻好像充滿擔心之情。這時，只要告訴她自己在附近的哪個地方，她就會放心掛斷電話。可是，幾分鐘後，相同的電話就會再打來。每天就是這樣週而復始、不斷重複。

喜美子總是惶惶不安，擔心這擔心那。純一升上國中後，即便人在學校，喜美子也是常打來電話。國中因爲禁止帶手機到學校，所以也曾有過一回家就看到手機有數十通未接來電的日子。

「即便告訴老師原委也沒用吧……」

不得已，他只好瞞著老師，偷偷把手機藏在運動服的袋子裡，帶到學校。下課時，他就躲進單間廁所裡，看看喜美子有沒有來電。

如果有來電，他就會在下一節課時，以肚子痛爲藉口離開教室，躲到沒人的廁所裡打電話回去。

「居服員沒來」、「鄰居搞錯丟垃圾的日子」。喜美子來電講的事情，通常都是源於她自己的誤解。

純一升上高中後，喜美子的病情更形惡化，言行舉止也愈來愈過火。

「飯還沒好？」

「怎麼搞那麼久！」

純一通常會在放學後先打電話告訴喜美子自己要回家了。但是，從學校到家裡，中間必須換一次電車，全程需花上五十分鐘。而在這段通車的期間中，手機總是響個不停。

即便是在自己家裡，也有相同的困擾。因爲照料喜美子吃過晚餐，回到自己的公寓後，喜美子還是會不斷來電。

「飯還沒好？」

莫可奈何的他只好返回喜美子家裡，把空便當盒或收據拿給她看，以讓她信服。這樣的情況成爲常態。

唯一慶幸的是，高中沒有禁止帶手機到學校。

高一進行個人面談時，他跟老師說明家中狀況，並事先告知祖母和日間照顧中心、照護支援專員的電話號碼。拜此之賜，即便是上課時間，只要把來電畫面拿給老師看，就能獲准到教室外面接電話。每次電話響起時，他都會感到緊張，擔心是否發生了什麼事。爲了能馬上接聽電話，他把祖母的來電響鈴設成警報聲般的鈴聲，震動也設定「強」。

因爲發生狀況時的緊急聯絡人是純一，所以他也曾接到日間照顧中心通知喜美子身體不適，要他前去接回的電話。

情況緊急時，他會聯繫照護支援專員，請其先帶奶奶去醫院，等他放學後，他再立刻趕過去。

上課時空無一人的走廊，只有純一緊握手機的孤單身影映照在地板上。

不管是國中還是高中，純一孤單無援的情況都沒有改變。一樣沒有時間參加活動或是和同班同學打成一片。即便朋友寫郵件約他「八點公園集合」，他也無法前往。對於這樣的自己，他只感到悲哀虛無。

剛上國一，還沒全面進入照護生活前，純一曾參加過羽球部。後來因爲要照料祖母的晚餐等生活起居，無法再繼續參加活動。他遂向指導老師提出申請，表示想退出社團。沒想到這位老師因爲擔心純一失去交友圈，無法發展人際關係，所以並未受理他的退社申請，改以保留社員資格的形式處理。然而，他終究一次也沒能再去參加社團活動。

不過，也有一些老師完全不能體恤，只會袖手旁觀，用責備的口吻問他「爲什麼是你在照護？」「你父母不能照顧嗎？」印象中，當他因照料喜美子而上學遲到時，擺出嚴厲態度的大多是資深老師。反倒愈年輕的老師，愈願意聆聽他解釋。

高中文化祭結束時舉行慶功宴的親子餐廳，是他和朋友出遊的唯一回憶。純一愈來愈常覺得喜美子令人厭煩。對於盡情投入社團活動、打工、遊玩，過著充實學生生活的同儕，則倍感羨慕，怨嘆每個人都可以盡情享受青春，買喜歡的衣服、過自由自在的生活，唯有自己卻連打工都不能。

每當他感到焦躁煩悶時，他會關在自己房間，大聲吼叫、對著牆壁丟遙控器或枕頭。後來聽鄰居說他的聲音會傳到外面，他才發現吼叫聲遠比自己想像的還要大聲。雖然他愈來愈常和喜美子吵嘴，但是唯獨不曾對祖母丟過東西。

「大家都沒有錯，我只能認命接受。」他這麼認爲。

不過，他倒是意外地在學校以外的地方結交到「朋友」。那是祖母和她八十多歲的友人偶爾在外聚餐的場合，只有純一是十多歲的青少年，是有點與眾不同的聚會。

「謝謝你幫我們照顧喜美子啊。」

祖母的朋友們向他道謝，還有人給他零用錢。

他們是聽昭和歌謠、Group Sounds 搖滾樂的世代。就在跟祖母、這些老人家相處的過程中，純一也愛上昭和歌謠。他也聽海援隊、森山良子的歌。反而像所謂「月九」（週一晚上九點播出的日劇）這種時下年輕人看的電視劇，他至今仍完全不看。

純一高二的時候，喜美子罹患胃癌。管理藥物也自動成爲純一的「工作」。爲免吞嚥力下降的喜美子噎到喉嚨，他總是把喜美子最愛的中華涼麵切小段，方便她進食。考慮到能夠直接把做好的菜帶回家，省時又省事，他高中因此選擇參加一個禮拜只有星期二有社課的烹飪社。社團活動表定結束時間是傍晚六點，社課結束之後，他如果查看手機，果不其然一定會有多通來自喜美子的未接來電。

居服員對他的境遇感到於心不忍，常會在業務範圍外，額外幫純一偷偷準備一份飯菜。只要想到有人瞭解自己的處境，他心裡就感到莫大的安慰。

對於喜美子失禁的排泄物，純一也做好了清理的心理建設。

「我們到浴室清乾淨吧。」讓孫子幫忙清洗下半身的祖母，聽了也忍不住哭著說對不起。

最煎熬的時候是大學聯考迫在眉睫的高三時期。

當他挑燈夜戰、埋頭苦讀時，手機鈴聲總會響起，而且畫面上的來電者都顯示「奶奶」。雖然只要用現在是大考的關鍵時期等說詞安撫她，祖母說聲抱歉後就會掛斷電話，但她仍會馬上忘記，一再來電。因此，他一定會把手機放在桌上。

偶爾難得的假日，父親也會和純一換手，幫忙照看喜美子用餐，但喜美子一定會百般抗拒。不過，只要純一看不下去，接手親自照料，她就會順從地乖乖吃飯。「奶奶不能沒有我，我是她唯一的依靠。」

大考將至的十二月，喜美子不知道何時叫了救護車，凌晨三點時，純一接到醫院的聯絡。他擔心要忙到早上，恐怕得從醫院直接去學校，保險起見，遂換上制服前往醫院。沒想到半夜在路邊舉手招車的學生實在太可疑，來往的計程車沒有一輛願意停下來載他。

費盡心思，好不容易抵達醫院後，只見喜美子像個沒事人一樣，也無法理解自己爲什麼會在醫院。

也因爲有過這樣的經驗，所以每當外面救護車鳴笛經過時，純一就會擔心「會不會是我們家？」即便現在，只要聽到鳴笛聲，他還是會心頭一驚。

雖然照護、讀書兩頭燒，大學倒也勉強順利考上。普通學生此刻應該會對新生活充滿期待，但是純一既沒有參加社團，也不和同學攀談。他把自己阻隔於外，封閉自己，不願敞開心房。因爲既然沒時間和朋友相處，那就乾脆不要結交朋友，這樣會比較幸福。

轉機突然無預警地降臨。

大學一年級的夏天，喜美子在家中跌倒，無法行走，必須住院三個月。雖然持續復健，醫院卻提出忠告，表示她如果繼續在家裡生活會很危險。一家人商量後，決定把喜美子送進療養設施。

歷時七年，純一終於卸下重擔，從照護生活中獲得解放。

雖然純一每個週末還是會固定去探視祖母，但是他終於擁有了自己的時間。他在大學裡面交了朋友、開始打工，也考取了駕照。他終於明白學生生活這麼快樂。對他的境遇一無所知的朋友還問他：「爲什麼一開始的時候，你老是心事重重、鬱鬱寡歡的？」

就在大學即將畢業的二〇二〇年二月六日傍晚，他和父親一起去探望年初感染肺炎住院的喜美子。在此之前，純一才第一次接受《每日新聞》記者向畑泰司採訪。高齡九十五歲的喜美子，臉上戴著氧氣罩，呼吸顯得急促困難。

父子倆回家後，醫院突然來電通知喜美子的脈搏不穩定，已經陷入病危。

「能否度過難關，端看今晚。」醫師如此告知。那個晚上，他們留在醫院待命。隔天清晨，喜美子脈搏趨於穩定，他們遂先回家假寐。但是傍晚五點過後，又緊急接到通知說血壓和脈搏再次下降。

七日晚間七點過後，他們匆忙趕到醫院，進到病房後，只聽到葉克膜作響的電子音。祖母的心臟在系統的幫助下，勉為其難地跳動著。明明一個禮拜前都還精神奕奕的……

純一撫摸喜美子的臉龐，輕輕握住她的手。意識逐漸模糊的祖母，只有眼睛注視著純一，略微用力地回握了他的手。

從小就一直牽著的那雙手，變得既弱小又瘦骨嶙峋。

於心不忍的純一和父親告訴醫生：「這樣太痛苦了，請不要再幫她延長生命了。」

喜美子就在家人的守護下，安詳地嚥下最後一口氣。握著她的手直到臨終時刻的純一，輕聲對祖母說：「你很努力了，好好安息。」眼淚也撲簌簌地掉了下來。

大學畢業後，純一選擇到大型超市上班。面試時，他告訴主考官說，他認為自己可以發揮照護的經驗，貢獻社會，所以應徵超市的工作。

那段歲月，他為了祖母天天到超市購物。應該也會有像喜美子這樣的老人家來店裡買東西吧？如果看到和自己境遇相仿的孩子，他希望能上前關心、問一聲：「你還好嗎？」

「進行照護的期間，因爲自己狀況和其他小孩不同，有時不免覺得憤恨、怨天尤人，然而也正是因爲當時進行照護，才會愛上 Group Sounds 搖滾樂，學到和長輩相處的方式。」

他還沒告訴父親自己受訪的事。一方面怕給他添麻煩，一方面也覺得讓他知道自己眞正的心聲有些尷尬，他的內心多種情感交錯，感到五味雜陳，實在理不清頭緒。

雖說如此，他還是希望更多人知道兒少照顧者的情況。盼望人們能傾聽他們微弱、無助的吶喊。

第一章
隱形人

什麼是兒少照顧者啊？

位處東京歌舞伎町的這家燒肉店裡，肉片燒烤聲滋滋作響、白色煙霧瀰漫整個店內。

二〇一九年九月十八日，趁著如火如荼忙於採訪東京申奧記錄文件相關新聞的難得空檔，隸屬《每日新聞》特別報導部的向畑泰司和一位記者前輩，於這晚來到燒肉店小酌，略事放鬆。

「前輩知道兒少照顧者嗎？」

配著韓式烤五花肉下酒菜，小口啜飲著韓國馬格利米酒的向畑，唐突地問了這個問題。

「……那是啥？」

微醺的前輩一臉茫然地看著他。向畑費了些唇舌，說明這個連新聞記者都生疏的詞彙：「兒少照顧者」是個專業用語，用來指稱照護家人的孩童。一旦照護的負擔變重，也會對學業或友伴關係、就業造成負面影響，甚至也有左右該孩童人生的案例。向畑表示自己有意深入採訪看看，不知前輩覺得如何？

向畑說，自己一直忘不了一位只在從前有過一次採訪之緣的年輕人。前輩一邊聽，一邊頻頻點頭，表情也愈來愈嚴肅。

「阿向啊，這絕對要採訪才好。一定會引起許多讀者共鳴。」

「可是我大概剩不到半年就要轉調了。現在才著手採訪，不知道能不能寫成報導。」明明自己商量在先，向畑卻不怎麼有自信。

特報部（報社內部對於「特別報導部」的簡稱）不屬於記者俱樂部，免除日常義務性的採訪。相對的，特報部的記者必須投入較長時間，深入挖掘出潛藏在社會內部的問題，也就是專門負責所謂的「調查報導」。每一名記者派任特報部的期間最長二到三年。而從大阪社會部轉調過來的向畑，此際已在特報部待了兩年半時間。

縱然如此，前輩還是從背後推他一把，鼓勵他說「這麼好的議題，不報導很可惜」。

向畑的腦海裡突然浮現今年夏天剛出生的長子。若是這孩子必須照護當爸爸的自己，自己會有什麼感受？既然已經得到前輩這個調查報導老手的認可，自己也有點信心了，那就放手一搏，採訪看看吧。

兩人直到接近末班電車的時刻才步出烤肉店。相對前輩的海量，向畑可說只是淺嚐即止。涼風吹拂過燈紅酒綠的熱鬧街道，夾帶著濃濃的秋意，只穿短袖襯衫已略感寒意。

隔天，向畑即開始著手進行前置調查。關於兒少照顧者，目前已知事實有哪些？不確定的有哪些？若能挖掘出新事實，就有將該事實寫成報導的可能。於是，他連日埋首東京永田町的國會圖書館，讀遍現有的文獻和論文。

結果，他調查到的事實是：因爲沒有做過全國性調查，根本不知道日本有多少兒少照顧者。雖然存在一些研究人員或地方自治體發表的調查結果，但是正式投入援助的地方自治體卻少之又少。受理支持團體陳情的國會議員，反應相當緩慢。究其原因應是進行照護的孩童雖會被世人讚揚爲「孝子孝女」、「乖巧懂事」、「家人和樂融融」，卻鮮少會被視爲「應援助的對象」之故。

按理說兒少照顧者確實存在，但卻是隱身在社會陰暗角落、眾人眼裡看不見的「隱形人」。而身爲當事人的孩童自身也甚少啓齒發聲。向畑心想，說不定這個主題即便寫成報導也不會有人聞問。另外，沒自信能把實情確切傳達給讀者，也是他一直以來對採訪兒少照顧者卻步的理由之一。

在他仍感徬徨猶豫的十月中旬，某一天，特報部長井上英介找他出去喝咖啡。兩人來到位於東京竹橋《每日新聞》總部內的咖啡廳就座後，各自點了一杯咖啡。當時因距離東京都實施「受動喫煙防止條例」（類似臺灣的「菸害防制法」）還有半年時間，所以店內仍飄散著淡淡的菸味和煙霧。選這家店的，也是無煙不歡的老煙槍井上部長。

向畑突然很想聽聽主管的意見，好知道自己正在進行的前置作業是否白費力氣。

「部長聽過兒少照顧者嗎？」

「那是什麼？」

果然井上也無法立刻意會。於是，向畑依自己的理解，把這一個月來調查所得的結果稍做整理後，盡可能詳細地說明給井上聽。雖然一般推測，日本應有不少承擔家人照護工作的孩童，但現狀卻是對實際情況一無所知，也沒有援助方案。現實中似乎也有孩童因爲照護工作而無法上學、或是放棄未來。

井上大感吃驚。長期在社會部歷練、經驗豐富的井上，是那種只要覺得屬下的構思有趣，就會照單全收的主管類型。「快寫企畫書吧。等你現在手上的東奧採訪結束後，就馬上著手進行。人員調度，我這邊會想辦法。」

人員調度？向畑感到有些意外。因爲他原本是打算單獨採訪，再說也不好意思把各自追逐著「目標獵物」的特報部同事拖下水。

然而，井上卻當下決定，這個議題最好傾部門之力，深入追蹤報導。

到了十一月，一個由向畑和他特報部後輩田中裕之組成的兩人採訪小組成立。田中和主跑事件新聞的向畑不同，他長年待在政治部，熟悉政治人物和中央部會的採訪工作。田中是井上指名協助的，而向畑也深表贊成，因爲在兒少照顧者的支援上，最終將需動用政府或位於東京千代田區永田町的國會之力。

聽到這個陌生的議題時，田中有些困惑，但因爲才剛結束其他採訪組的工作，因此對他而言，新工作可說來得恰是時候。編輯則由特報部副部長松尾良擔綱。雖然報社內部已逐漸邁向數位化，他卻屬於類比派，依然堅持手拿紅色鉛筆，在印刷的原稿上畫線審閱。看到「ヤングケアラー（young carer）」這個主題時，他一邊碎唸「爲什麼直接音譯成外來語，沒有日語譯詞嗎？」，一邊接下了編輯的重任。

年輕照護者

若要說起讓兒少照顧者如刺般扎在向畑心上的往事，必須回溯到採訪組成立的多年以前，向畑任職大阪社會部的時期。

二〇一五年十一月，向畑前去採訪一個支持男性家庭照顧者的團體「TOMO」。當時，他是大阪社會部負責追蹤各式議題的機動記者，正計畫進行居家照護相關題材的連載。一般認爲，對家事、育兒較不熟悉的男性面臨照護重任時，往往會感到極大的負擔，男性照顧者有他們特有的苦惱或辛勞。

採訪地點是座落於京都市中京區的一家咖啡廳，當向畑抵達時，已有大約十位中高齡男子圍桌而坐。席間，他們分享甘苦談或報告近況，並給彼此建議或相互打氣。成員中，一位唯一看似二十多歲的年輕人，吸引了向畑的目光。年輕人待了大約三十分鐘後，便因有事先行離開。

「他是研究照護問題的大學生或研究人員嗎？」

「不不，他也是照護者。照護他外公。好像是叫兒少照顧者來著。」

「兒少照顧者？」

這是個向畑初次耳聞的單字。不過，想想現在已是少子高齡化的時代，即便有年輕人擔負家人的照護工作，也不足為奇，只是不太有真實感。這麼說來，自己小學、中學的時候，班上好像也有同學照顧生病的母親……之所以印象模糊，無法確切回想，應是當時平凡度日，對此沒有特別意識之故。不曉得那個同學的學校生活過得如何？是否有獲得援助？向畑一直到此時，才首次意識到兒少照顧者族群的存在。

二〇一六年三月五日，向畑來到岡山大學的一間教室。前述的年輕人，時年三十歲的朝田健太，獲邀在校方主辦的演講中擔任講者。手握麥克風的朝田，一五一十地道出自己的照護經驗後，對在場約三十位學生拋出以下問題：

「年輕人因為照護工作而做出的犧牲，是應該自行承擔的責任嗎？」

溫文儒雅的朝田口氣淡然，卻反倒有股震懾人心的威力。教室的空氣剎時改變，看得出來學生們相當緊張。

如果你們是我，會怎麼做？沒人會伸出援手喔？

向畑彷彿聽見朝田內心的吶喊。

日本民眾究竟有多少人知道「兒少照顧者」這個詞？「兒少照顧者」一詞源自英文 young carer，直譯是「年輕照顧者」（本書依二〇二三年五月臺灣衛福部書面報告，統一翻譯成「兒少照顧者」）。但是，這個用語在日本並沒有明確的定義，而這或許正是日本社會從未正視他們存在的佐證。援助家庭照顧者的支持團體「一般社團法人日本照顧者聯盟」（位於東京都），參酌其他國家的先例，將「兒少照顧者」定義如下：

「家庭成員中有人需要照顧時，扛起原應由成人擔負的照顧責任，打理家事、照料家人、進行照護、提供情感面的支持等之未滿十八歲的孩童」「需照顧者，主要是有身心障礙或疾病的父母、高齡的祖父母，但是也有手足或其他親戚者」。

兒少照顧者大多正值青春期，照顧（照護或照料）的內容則有打理家事、身體面的協助、看顧、情緒面的支持等，相當廣泛多樣。一般認爲，他們和已成年的照顧者不同，相當欠缺社會經驗，被迫承擔超出自己年紀的責任或角色時，往往會對學校生活或身心健康造成負面影響，也常會出現遲到、缺課、成績低落或友伴關係難以發展等問題。

向畑雖然曾嘗試在網路檢索「兒少照顧者」，但是當時日文網站並沒有什麼值得參考的記述。《每日新聞》的資料庫則只有登錄兩筆過去的相關報導。其他媒體也大同小異。

向畑遂委請TOMO引介，在其安排下前去採訪朝田。聽完演講後，他和朝田會面，聆聽他細說一切。包括：從大學時期就照顧失智症的外祖父、每晚都無法睡覺，照護生活令他疲於奔命、只好退學放棄研究所的學業……無庸置疑地，朝田本身的確做出重大犧牲。

朝田的故事於二〇一六年四月，作爲「照護家族」連載的第一回報導，刊登在《每日新聞》大阪總部發行的報紙版面上。然而，這個連載的目的在於從各種角度勾勒居家照護的樣貌，兒少照顧者不過是其中一個探討面向罷了。這篇報導並未獲得東京等其他總部發行的報紙採用刊登。「希望有朝一日能探討此問題，詳加報導。」其後的數年，這成爲向畑未竟的心願，一直佔據他腦海的一隅。

沒有統計

在井上特報部長指示下，向畑首次正式撰寫兒少照顧者議題的企畫書。略事思索後，擬題爲「身爲守護者的少年們」。

既然是以獨家新聞爲使命的特報部計畫撰寫成報導，自然必須以登在頭版頭條爲目標。《每日新聞》雖已由紙張報紙逐漸轉而以數位媒體爲重，但是報社內部對紙本報紙的「信仰」依然根深蒂固。隨著前置調查作業的進行，過程中，向畑開始思考是否有能夠用數字呈現兒少照顧者全國傾向或指標的方法。若能用某種形式呈現兒少照顧者的全國傾向或指標，應該就能堂而皇之地攻佔頭版。

他相中的標的是總務省的「就業構造基本調查」。在他遍讀的文獻或論文中，有許多都引用此調查結果，權充類似揭示兒少照顧者規模的指標。這個不太爲一般所知的調查，每五年實施一次。其最新版本「二〇一七年版」，對日本全國約一〇八萬名十五歲以上的受訪者，問及「有無照護」等問題，再依世代別，推算照護者的人數。這可說是少數與家庭照護實況有關的政府統計。

唯其問題點在於，年齡劃分採用「未滿三十歲」這樣一個籠統的分類，來涵蓋最年輕的世代。據其推算，此分類，也就是十五歲到二十九歲的年輕世代照護者，在二〇一二年爲十七萬七千六百人、二〇一七年爲二十一萬一百人。看來十歲到二十九歲年齡層的年輕照護者，確實有日益增加之勢。然而，從這個年齡分類中，卻看不出「日本照顧者聯盟」定義的「未滿十八歲」的孩童、或至少是看不出當時民法規定的未成年者——「十九歲以下」照護者的人數。這種粗率的統計方式，如實反映出政府完全未意識到兒少照顧者的存在。

向畑心想，不知道能不能從二〇一七年推算的二十一萬一百人中，抽取出未成年者的人數？如果可以，這大概會是日本第一個「兒少照顧者」的全國統計。他決定跟總務省交涉看看。於是，他在企畫書中暫且寫下「就業構造基本調查」。

另外，他也在企畫書中寫下，想撰寫兒少照顧者因照護工作過度沉重，身心不堪負荷，最後犯下刑事案件的報導。這個發想雖頗有事件記者向畑的風格，卻也是用來讓大家瞭解這是個值得用大幅版面報導的題材、說服編輯局內部的主意。雖然爲數不多，但當時已存在兒少照顧者的報導或當事人的訪談，所以企畫書必須打出有別於以往的「嶄新性」。

十一月二十五日，採訪組的向畑、田中和編輯松尾，首度在位於東京總部四樓的特報部辦公室開會討論。雖然在企畫書中，向畑也列舉了他查詢所得之部分地方自治體或研究人員過去的調查，唯單憑這些資料實難成爲大篇幅的報導。倒是他主張把目標鎖定在成爲全國第一個兒少照顧者統計的想法，獲得另外兩人贊同。不過，使用刑事案件作爲首次報導的題材之發想，則遭到松尾反對：

「包括我們報社過去的報紙版面在內，媒體幾乎沒有完整探討兒少照顧者的報導。也就是說，讀者對這個問題一無所知。如果爲拋磚引玉而提起問題之初，就報導引發事件的『特別的孩子』，那麼讀者就會以爲所謂兒少照顧者，都是這樣的孩子。然而，大部分的兒少照顧者都是不會引起事件的『普通小孩』吧？」

經過一番討論後，他們決定雙管齊下。除了統計全國兒少照顧者的人數之外，也要同步尋找刻正擔負照顧工作、年齡介於十歲到十九歲之間的未成年人，請他們現身說法，親口道出實際狀況。不過，此際，他們三人都還不明白採訪現任兒少照顧者的難度有多麼高。

翌日上午十一點左右，向畑懷著緊張的心情，打電話到負責「就業構造基本調查」的總務省統計局。這通電話的成敗，將攸關今後的走向。若是行不通，就得重頭來過。

「敝姓向畑，是《每日新聞》的記者。有關『就業構造基本調查』，有些問題想請教。」

接電話的是統計局的女職員。他拚命傳達主旨後，獲得不錯的回應。

「我已充分理解您的說明。我會跟主管確認能否進行統計後，再回電給您。」

向畑告知自己的手機號碼後，掛斷電話。雖然抱著祈禱的心情懷抱一線希望，內心其實隱隱覺得，已公布的統計資料恐難再次統計。搭檔田中和編輯松尾也都說沒聽過這種事。一小時過去了，電話仍未響起，只好兩小時、三小時，繼續等下去。根本無心做其他工作。

一直等到下午三點過後，才終於接到回電。而從女職員說話的語調，已可預期結論爲何。

「您早上來電洽詢的問題，我已經跟主管討論過了，不過，已底定的調查，似乎還是無法變更年齡層的分類。」

「這樣啊……」

「雖然深知您說的報導目的，卻無法依您期待辦理，實在抱歉。」

沒想到才剛起步就觸礁了。

「不過，倒是有個辦法。向畑先生知道『客製化統計』嗎？」

「咦？」

「正好有個可以透過訂製方式，把政府的統計資料重新統計的制度，不過這並非我們統計局經手辦理，而是其他單位負責。與主管討論後，認爲您若利用此制度，說不定可取得想要的數字。不過，這個資訊純供您參考。」

客製化？可以再次統計？這到底是什麼啊。

「網路上查得到嗎？」

「查得到。是個叫統計中心的單位在處理。」

「瞭解了。我來查查看。」

向畑暫且掛斷電話。交涉受挫的打擊，遠比取得新資訊的喜悅來得大，他滿腦子只想著要如何補救。他走到附近松尾的座位，向他報告：「統計局說不能再次統計。看來只能另想它法。」松尾也一臉遺憾地說「是喔」。

回到自己座位後，向畑抱著姑且一試的心情，把講電話時隨手寫在筆記本上的潦草字跡「客製化統計」，輸入電腦查詢。畫面上立刻跳出獨立行政法人「統計中心」（位於東京都）的網站。網站載有如下說明：

「根據統計法第三十四條，統計中心應因應民眾委託，利用行政機關等所為之統計調查的調查表資訊，進行統計製作或統計性研究。」

隨著深入閱讀後，向畑終於發現總務省女職員提供的資訊之重要性了。簡單來說，這個制度即是讓民間可委託名爲「統計中心」的法人，把政府已發表的統計之基礎個別數據資料，進行再統計。再統計後的結果將公諸於世，開放給每個人閱覽。「就業構造基本調查」也是這個制度的對象。據悉，「統計法」甫於二〇一九年五月修法，重新就擴大統計對象、調降手續費等事宜進行審視，期能提升使用者的方便性。

這說不定、說不定很可行喲！

不過，這個制度並非人人都可利用，必須是爲研究或教育目的等用途，而且需要接受再統計對公眾有無助益的評估審查。統計中心的網站上亦載有成果一覽表供公眾查詢。以往申請再統計者，大多是大學教授或研究機構，放眼所及，並未有報社等媒體使用的形跡。

向畑心想「反正最糟不過如此，姑且一試吧」，於是便在統計中心的洽詢表單上，寫下報導目的和預期的再統計內容後寄出。兩天後就收到回覆，比預料的還要快速。

「可統計刻正進行照護之十至十九歲人口。待本中心調整內容，審查會評估認爲沒問題後，即可進入正式申請的流程。」

前方露出一線曙光。

在那之後，向畑和統計中心的承辦人，幾經電子郵件往返，反覆討論相關細節。不僅要抽取出十五歲到十九歲的照護者，也希望能和「就業構造基本調查」設定的「性別」、「職業」、「有無就學」、「照護的頻率」等提問組合，以呈現詳細的實況。若想進一步瞭解十至十九歲照護者的增減，那麼再次統計的對象至少應涵蓋二〇一二年和二〇一七年兩次調查。

十二月六日，再統計的內容全部定案。相關費用依統計項目或統計中心的作業時間不同而異，而此次的報價則是數萬日圓。雖不便宜，但如果當它是一次住宿一晚的出差費用，報社應會批准。

「期透過究明十至十九歲照護者的人數和傾向，爲文報導，對社會大眾提起兒少照顧者的實況或應有的援助方案等議題」。寫下再統計的意義後，向畑即把附有申請書檔案的電子郵件寄出給統計中心。四天後的十二月十日，統計中心聯絡表示：「審查會甫結束，審查結果認爲沒問題。」

「重現往日」光與影

另一方面，尋找十至十九歲兒少照顧者受訪一事，則陷入膠著狀態。

向畑和田中四處拜訪東京近郊的支持團體和專家，尋求協助。雖有相關人士表示「我來問問當事人是否有意願」，然而只要一說是採訪，就會遭到當事人回絕。要把「照護家人」這個自己的私生活、尤其是其負面的部分，赤裸裸地攤在記者這不相干的外人面前，絕非容易的事。何況當事人又大多是正處多愁善感年紀的國、高中生。

另外，開始著手採訪不久，「該跟誰取得採訪這些孩子的許可」等問題，也浮出檯面。根據向畑等人的經驗，一般採訪如果涉及未成年孩童，通常會在取得家長或學校等孩童身邊成人同意後，再進行訪談。然而，兒少照顧者有很多案例是，下達許可的父母或家人本身就是受該孩童照顧的被照顧者，因此預料其應會對採訪面有難色。

話雖如此，那麼是否只要取得孩童本人的同意，就可撰寫報導呢？也許未成年孩童還無法正確判斷受訪的社會層面影響。如果報導刊登後引發紛爭，正因爲對方只是孩童，即可能變成報社的責任問題。

「今天也一無所獲」、「果眞很難」。向畑和田中這段期間往返的郵件裡，常充斥著牢騷和失望的言語。十二月的凜冽寒風，也讓在外奔波的兩人，心情更加沮喪。

在一個雪花夾帶細雨紛飛的日子裡，向畑和田中造訪位於東京武藏野的成蹊大學校園、澀谷智子助理教授的研究室。澀谷是日本研究兒少照顧者的權威，很早就開始關注這個議題。她除了和地方自治體攜手，共同進行實況調查之外，也曾遠赴推動先進支援方案的英國取經。這天，田中才首次見到澀谷本人。

澀谷爽快答應協助採訪，聽到「客製化統計」制度時，驚訝地表示：「原來有這種手法呀」。兩人向她坦承，目前正爲找十至十九歲兒少照顧者採訪一事陷入膠著狀態深感苦惱。

「我也是透過當事人的訪談等過程，才發現十至十九歲的孩子還很難客觀看待自己的境遇。我覺得年紀稍大一點的人，比較能客觀看待自己的經驗並表述。若站在簡單易懂地傳遞實情的觀點來看，其實也未必一定要執著於十至十九歲的年齡層吧？」

兩人雖隱約感到極限，卻又認定對象僅限未成年兒少、視野變得相當狹隘，澀谷的建議讓他們豁然開朗。回到報社，和編輯松尾商議後，他們毅然決定改變方針，改而採訪已成年的原兒少照顧者，請他們敘述孩提時代，再透過報導，像電視劇一樣重現當時的照護狀況。對象是成人的話，只要本人允諾受訪，就不會有爭議。「只要客製化統計進展順利，用這種模式進行當事人的報導倒是無妨。」松尾如此回答。如釋重負的向畑和田中，心情豁然開朗，歲末時節的夜晚燈飾，看起來也格外炫目耀眼。

新年伊始，兩人即再度四處拜訪支持團體和研究人員。自從把採訪對象擴大為「從兒童時期就一直進行照護的大學生」、「二十至二十九歲的原兒少照顧者」後，資訊就以勝過此前的速度，開始大量匯聚。已有數人答應受訪。有趣的是，只要一個採訪進展順利，就會接二連三、處處順風順水，彷彿此前遭遇的困難都是假的一樣。兩人開始連日奔波、忙於訪談。

某天，田中不經意地對向畑發牢騷：

「這採訪，一天一個人就是極限了呀。」

向畑也有相同的感受。雖然自己是打算站在記者的角度，客觀地進行訪談，卻常會有些瞬間，不知不覺就對原兒少照顧者的故事產生移情作用，從而對他們的境遇或感受，感覺難以承受。也曾有過採訪後輾轉難眠的夜晚。兩人一致認為：「如果我們自己不是處在萬全的狀態，對受訪者也很失禮。所以採訪行程每隔幾天安排一個就好。」

另外，認爲應順應時代潮流在數位媒體上鋪陳，則是田中的構想。

「希望與兒少照顧者同世代的年輕人，也可以閱讀我們的報導。」

年假一結束，他就立刻跟松尾、向畑提出這個想法，也獲得兩人的贊同，只是三人都對網路或社群媒體相關知識涉獵不深。於是，田中遂向原在資訊科技業界，後跳槽到《每日新聞》數位媒體局的渡邊步尋求建議。田中是在報社內部的初階、中階員工讀書會結識渡邊，兩人年紀也相仿，應可不拘小節、坦率討教。二月七日晚上，向畑、田中、渡邊三個人，帶著在百貨公司地下街買來的紅酒和熟食，來到位於東京大手町的工作空間。向畑、田中平時多半是在居酒屋，帶著酒意磋商討論，因此覺得這種方式相當新鮮。

「我認爲這樣的報導應該可以讓年輕讀者感同身受，覺得『這或許是我』、『這或許是那個同學』。兩位覺得『長篇的個人故事』這想法如何？」渡邊如此建議。

紙本報紙因爲面積有限，平均一篇報導，最長也只能一千兩百個字左右。但是網路的話，即使是一萬字的報導，也有點閱率極高的情形。松尾也向渡邊和主管立花健一討教，並和《每日新聞》新聞網站的負責人協調，做好了開設兒少照顧者特集專屬網頁的安排。當時，《每日新聞》數度搶在其他媒體之先，率先報導了數則與安倍晉三首相「賞櫻會」有關的新聞。他們遂以該特集網頁爲範本，並開設了採訪組的推特帳號。

日本首次全國統計

獨立行政法人統計中心的大信封，在二月十四日西洋情人節這天寄達特報部。內容物是一片 CD-ROM 光碟。向畑點開了將二〇一七年「就業構造基本調查」進行再統計的「客製化統計」檔案。花了點時間理解項目和數字的羅列後，終於找到想要的數字。

三萬七千一百人。

這個數字是從「就業構造基本調查」的調查對象中，僅鎖定十五到十九歲的未成年照護者，抽取而出的人數。也是由日本政府的統計中抽絲剝繭，首次明朗化的全國兒少照顧者規模。

向畑立刻以郵件跟採訪組的田中、編輯松尾、井上部長，以及另一位特報部編輯川邊康廣報告。

向畑雖對「結果」出爐感到鬆了口氣，卻也倍感困惑，想說「只有這樣嗎」。歷經這三個月採訪的親身感受，他認爲人數即使再多一些也不足爲奇。三萬七千一百人，這數字究竟算多還是少？就在他正猶豫怎麼判斷新聞價值的午後，川邊來到特報部的辦公室。

「兒少照顧者的人數真驚人哪。」

「您這麼覺得嗎？我以爲會更多，所以不知該如何解釋這數字。」

「不不，這是個讀者聽到會大吃一驚的數字喲。連我都很驚訝，沒想到進行照護的孩子這麼多，這是個值得用頭版報導的題材。」

即使列出再多個別案例，只要人們覺得「那是特殊個案吧」，那麼一切就會到此爲止，沒有下文。但是，這個「三萬七千一百」的數字，的確具有無法用這種說詞打發的重量。

松尾也跟向畑說，只要超過一萬，當然就是放頭版。

隨著深入詳讀「客製化統計」後，向畑也逐漸對十至十九歲照護者有什麼樣的傾向，有了些許瞭解。

觀諸二〇一七年可知，照護家人之十五到二十九歲年齡層的人數，共二十一萬一百人（以下皆爲推算值），其中，十五到十九歲的人數爲三萬七千一百人。這當中有大約八成，也就是三萬七百名孩童，係邊上學邊進行照護。再者，其中的四千九百人係回答「上學爲主，也在工作」。一般推測，這類案例應是一邊就讀通信制高中、定時制高中或專門學校，一邊工作或打工，同時還進行照護。

參酌採訪「日本照顧者聯盟」等支持團體或原兒少照顧者所得的資訊，似可研判其背景應有少子高齡化或單親家庭增加等因素。一旦超出「輔助性幫忙」範疇的沉重照護負擔長期持續，該孩童將會身心健康失調、遲到或缺席狀況增加，對學業或友伴關係的負面影響將會大幅提升。甚至也有放棄升學或就業等，左右將來發展的案例，這些狀況，採訪組已透過之前的訪談有所掌握。

「照護的頻率」之再統計結果也反映出嚴峻的現實。回答照護頻率爲「一週四天以上」的孩童，至少有一萬兩千七百人。而進行照護的全體孩童中，有三成以上係一週中，有一半以上的天數從事照護。此人數大幅凌駕在天數較少之「一週一到三天」的九千八百人、「一個月三天以內」的七千兩百人之上。

而將「一邊上學一邊照護」和「一週四天以上」兩個項目交叉統計的結果也顯示：邊上學邊進行照護的孩童中，有三成多係一週投入四天以上進行照護。這意味著，這些孩子處於日常生活中須「兼顧」學校和照護兩者的狀態。

兒少照顧者的性別分別是，女生一萬八千九百人、男生一萬八千二百人，約各佔一半。採訪組原以爲「照顧家庭是女性的工作」這個傳統的價值觀，或許也會反映在兒少照顧者的性別上，沒想到結果出乎他們意料之外。

另一方面，根據二〇一二年「就業構造基本調查」的客製化統計結果顯示，其十五到十九歲的照護者爲三萬四千兩百人。換言之，從二〇一二年到二〇一七年的五年間，兒少照顧者約增加三千人。二〇一二年中，「有在上學」和「上學爲主，也在工作」的人數共計兩萬八千人，亦即，邊照護家人邊上學的人數佔整體的八成以上，此傾向和二〇一七年相同。「照護的頻率」因係二〇一七年新增的提問項目，所以和二〇一二年無從比較。

在少子化所致孩童人數減少的情況下，也許今後兒少照顧者人數激增的可能性甚低。爲此，兒少照顧者佔全體孩童人口的比率（存在率），會遠比其人數來得重要。以二〇一七年而言，照護者佔十五到十九歲世代人口（約五百九十八萬人）的存在率爲〇．六二％。而其五年前的二〇一二年則是〇．五七％，雖說增加不多，但是數字顯示，其確有增加之勢。按著計算機的向畑不禁加重了手的力道。

「年幼照護」專題系列報導

三月五日，編輯松尾彙整這段時間的採訪結果後，將專題系列報導整體的企畫案，以電子郵件寄給向畑和田中。他將專題系列報導名稱訂爲「兒少照顧者　年幼照護」。向畑回信說「標題很好」，然而田中卻有不同的反應。

「兒少照顧者並非只進行身體的照護，也提供精神面的照顧或照料手足等，內容相當多元。如果把專題系列報導定調爲『照護』，會不會太狹隘？」

田中的主張有其理由。「日本照顧者聯盟」將兒少照顧者分成以下十類，並附上便於民眾理解的插圖，刊載在網站上（編號係採訪組爲方便起見自行添加）：

①代替身心障礙或有疾病的家人，從事購物、料理、打掃、洗衣等家事。
②代替家人，照顧年幼手足。
③照料或看顧身心障礙或有疾病的手足。
④看顧或招呼不能離開視線範圍的家人，給予各種關懷。
⑤為非日語母語的家人或身心障礙家人翻譯。
⑥為分擔家計工作賺錢，幫忙身心障礙或有疾病的家人。
⑦看顧有酒精、藥物、賭博成癮問題的家人。
⑧照護罹患癌症、罕見疾病、精神疾病等慢性病的家人。
⑨照料身心障礙家人或罹病家人的日常生活起居。
⑩協助身心障礙或有疾病的家人洗澡、如廁。

一般認爲，「照護」一詞會讓多數人聯想到，爲高齡長輩提供身體上的協助等。爲此，田中擔憂，在提起兒少照顧者議題之際，若以「照護」一詞爲關鍵字，會不會無法把多樣的「照顧（care）」實況，如實傳達給讀者知道。

四天後，三人緊急集合，由松尾說明擬題「年幼照護」的理由：

「我知道兒少照顧者非常多樣化。也絞盡腦汁要想個比『照護』合適的譯詞，卻想不到。『照顧』一詞有廣泛滲透到各個世代嗎？如果對兒少照顧者一無所知的讀者，無法意會標題或專題系列的報導名稱，基本上就不會想讀那篇報導。老實說，要把報導推銷給什麼都不知道的編輯時，也是『照護』會比較好懂。我認爲一開始還是應刻意使用易想像的用語來吸引讀者，接著再透過今後的報導，讓他們逐漸瞭解『照顧』的多樣性，這樣會比較切合實際。」

向畑也是覺得，若要引起大多數讀者的興趣，用簡明、吸睛的標題會比較好。田中最終也接受這個名稱，兩人隨即開始著手撰稿。

日常生活隨新冠病毒肆虐而逐漸大幅改變。三月十一日，世界衛生組織祕書長譚德塞（Tedros Adhanom Ghebreyesus）警告世人，新冠病毒疫情已構成全球大流行。日本也有史以來第一次停辦春季「選拔高等學校野球大會」（高中棒球錦標賽，俗稱「春季甲子園」）。爲了搶購缺貨的口罩，人們在藥妝店前大排長龍。新冠病毒的報導，席捲了各家報紙的版面。

三月十九日星期四，位於東京總部四樓的編輯局，這天召開了版面會議，討論翌日開始的三天連假新聞配置。「目前二十二日早報的頭版竟神奇地空著。不過，似乎會看新冠疫情新聞的狀況，以其爲優先」，開完會，回到座位上的松尾如此說道。如果兒少照顧者報導，當天因新冠疫情而「告吹」、上不了報，將看不到下個刊登的機會。這時機點堪稱有如引線穿針般困難。

幸而連假的第二天，也就是二十一日當天，並未有頭版級的新消息進來。待松尾出席當日版面會議，確定刊載後，採訪組的兩人和井上、川邊也都相繼來到辦公室。雖然報紙印的是隔天日期，但是新聞網站則計畫要在當天之內開始將一連串報導上線。

晚上分發的頭版校樣上，署名向畑、田中，下標爲〈進行照護的孩童三萬七千人　十五至十九歲　八成仍在就學中〉的大標題，躍居頭條位置。文中也載明了報導的意義，說明《每日新聞》自行進行「就業構造基本調查」的客製化統計，「全國進行照護之十至十九歲世代的現狀，首度明朗化」。而《每日新聞》著名的專欄——第三版的特別企劃則將再統計的詳情、兒少照顧者的實情、問題點，進行彙整、報導。

不過，頭版標題並未採用「兒少照顧者」一詞，看來編輯（報社所謂的

「整理部」）果然還是對使用知名度低的關鍵字下標有疑慮呀，松尾默默地吞下該決定。新聞網站方面，「兒少照顧者　年幼照護」這個專題系列報導的名稱雖首度獲得刊載，唯大標題仍訂爲「照護家人之十至十九歲世代」。

第三版的特別企劃則以仙台市的男性原兒少照顧者（三十一歲）報導爲主軸。這位男性是採訪組第一次撰文報導的當事人。負責第三版編排和下標的編輯，因爲對當事人坎坷的半生經歷感到莫大衝擊，而格外費心思量標題。

「當時實在無法同時兼顧學校和照護。」這位男性從國中三年級開始，即一路照護失智的外婆到二十三歲。他生長在單親家庭，母親工作賺錢支撐家計，他則照料外婆的生活起居。由於外婆連日一再深夜出現妄想、徘徊（失智症的症狀之一，指漫無目的地亂走）等行爲，以致他身體不堪負荷、健康出狀況，不得不從高中輟學。

MAINICHI

毎日新聞

3月22日(日)
2020年(令和2年)

発行所：東京都千代田区一ツ橋1-1-1
〒100-8051 電話(03)3212-0321
毎日新聞東京本社

介護する子ども3.7万人

15～19歳 8割、通学中

本紙調査

通学や仕事をしながら家族を介護している15～19歳の子どもが、2017年時点で全国に推計3万7100人いることがわかった。毎日新聞が国の統計を独自に分析した。「介護する10代」の現状が全国規模で判明したのは初めて。うち1万2700人は週4日以上介護していた。こうした子どもはヤングケアラーと呼ばれ、負担が過度になれば心身や学校生活・進路に影響が出るとされる。支援を受けられず周囲から孤立する深刻なケースも目立つ。【向畑泰司、田中裕之】

3面に CU クローズアップ

総務省の17年の就業構造基本調査は、家族を介護している15～29歳が全国に21万100人いると推計している。毎日新聞は公的統計を民間が応用することを認めた統計法34条に基づき、同調査のデータから10代だけを抽出・分類する「オーダーメード集計」を、独立行政法人・統計センター（東京都）に独自に委託した。

その結果、15～19歳の介護者は3万7100人。その約8割（3万700人）が通学しながら介護をしていた。このうち4900人は「通学が主で仕事もしている」と回答した。

兒少照顧者專題系列報導首次刊載，內文翻譯如左：

進行照護的孩童三萬七千人　十五至十九歲　八成仍在就學中

本報調查

《每日新聞》自行分析政府的統計得知，在二〇一七年的時點，全國一邊上學或工作，一邊照護家人的十五至十九歲兒少，推估共三萬七千一百人。這也是全國「進行照護之十至十九歲世代」的現狀，首度明朗化。其中，有一萬兩千七百人每週進行四天以上的照護工作。這些孩童被稱爲兒少照顧者。一般認爲，如負擔過於沉重，其身心或學校生活、升學就業規劃，將會受到影響。無法接受援助，陷入爲周遭孤立的嚴重事例，也相當顯著。【向畑泰司、田中裕之】

總務省二〇一七年的「就業構造基本調查」推估，全國照護家人之十五至二十九歲年齡層的族群，共二十一萬一千人。《每日新聞》依認可民間應用官方統計之「統計法」第三十四條規定，獨自委託獨立行政法人統計中心（位於東京都）進行「客製化統計」，自該調查之數據資料中，僅抽取出十至十九歲世代進行分類。

結果顯示，十五至十九歲的照護者爲三萬七千人。其中約八成（三萬七百人）係一邊上學一邊進行照護。當中有四千九百人回答「上學爲主、也在工作」。

受單親家庭增加等因素影響，兒少照顧者被迫扛起核心照護角色的案例極多。

外婆原只有輕微健忘，沒想到症狀卻在他國中時期惡化。並在他上高中後，開始出現「錢被偷」、「旁人說自己壞話」等妄想症狀。晚上九點到凌晨兩點左右，安撫情緒高亢喊著「不想去日間照顧中心」的外婆、三點左右就寢；每隔兩小時協助祖母如廁，早上再拖著疲累的身體，把外婆送到日間照顧中心——這樣的生活日復一日。其後祖母也開始出現徘徊行爲，必須一直看顧，不能離開視線。爲免外婆噎到喉嚨，早晚要準備細碎飲食。

就學的兒少照顧者，因負擔過度沉重而有對課業造成負面影響之虞。加以其狀況不太為周遭所知，常陷入孤立無援的境地。

在學校時，他常覺得昏昏沉沉、身體發燙，上課一直打瞌睡。「現在想來，那感覺就像宿醉」。也曾引起突發性重聽。在家中難以專心唸書，成績也大幅退步，剛入學時，在全學年一百八十個學生中，排名五十多名，升上高二後，卻退步到一百六十多名。

外婆每天下午四點左右，就會從日間照顧中心回家，爲此，放學後他總是得急忙趕回去。特地加入的弓道部也常請假。雖然爲了跟上班上的話題，會用手機瞭解時下的流行，但最後還是不得不避免跟同學來往。

精疲力盡的母子兩人，雖也曾考慮把外婆送到相關設施，但因爲照護支援專員表示「得等上三年」，只得放棄。對他而言，踩著腳踏車到學校的短短二十分鐘時間，是最難能可貴、平和寧靜的「幸福時光」。他常在途中停下腳踏車片刻，眺望街道或天空。明明有跟老師報告家中狀況，遲到時還是被告誡了

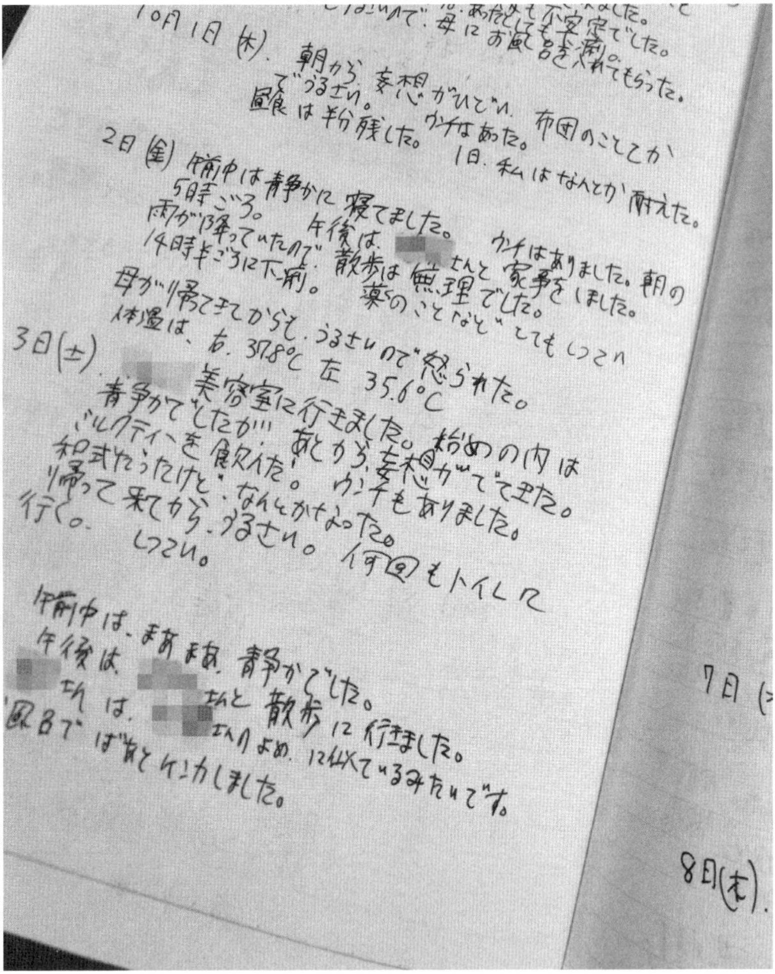

男子撰寫的照護日記。外婆的身心狀況、自己的心境都描寫得歷歷在目。內文翻譯如左：

十月一日（星期四）一早妄想就非常嚴重。爲了棉被大吵大鬧。有排便。中餐只吃了一半。我勉強撐過一天。

十月二日（星期五）早上乖乖睡覺。有排便。清晨五點左右。下午和◯◯小姐一起做了家事。因爲下雨，無法外出散步。下午兩點半左右拉肚子。爲了吃藥等事糾纏不休。媽媽回來後也吵個不停，挨了一頓罵。體溫爲右三七・八度、左三五・六度。

十月三日（星期六）去了◯◯美容院。一開始還很安靜，後來開始出現妄想。喝了奶茶。也有排便。雖是蹲式廁所，倒還算順利。回家後吵鬧不休。一直上廁所。很煩。

上午還算安靜。下午和◯◯小姐去散步。◯◯小姐似乎和◯◯太太的媳婦長得很像。洗澡時大吵了一架。

一番。

雖然兒少照顧者不管升學或就業都有受影響之虞，支援措施卻停滯不前。「日本照顧者聯盟」的人員指稱「相較於霸凌或虐待，他們的緊急性常被低估」。

身心負荷達到極限，是在他高二時候的二月。

早上打算起床，卻全身沉重、無法動彈。對什麼都提不起勁，自此再也無法去上學。休學、專心照護外婆後，因爲不會再和同儕比較，感嘆「朋友和自己住在兩個不同的世界」，焦慮煩躁之情，也隨之放下。雖力求復學，外婆的症狀卻更進一步惡化。遂在一年後退學，扔掉制服等所有高中的物品。

在二〇一一年外婆以九十一歲高齡逝世不久前，她甚至認不得他的臉了。

「應該可以說是沒道再見的離別吧……」

外婆過世後開始進行的求職活動慘不忍睹、處處碰壁。面試時，主考官問他「爲什麼照護期間不考個證照呢」，他一時語塞，不知如何是好。最後只能在各種非正職工作間一個換過一個，上便利商店的夜班，外加在清潔公司工作。他把人生中最寶貴的十到二十多歲的七年光陰，全都奉獻給了照護，即使會想咒罵自己的境遇也是情有可原，但是他卻這麼說道：

「我媽是單親，要工作養家，我是外婆照顧長大的。小時候她牽我的手，這次輪我牽她的手了。」

放在第三版、用來補強獨家統計分析的專家訪談，則委請成蹊大學的澀谷智子受訪。

向畑係在前一年的十二月一日，於位處東京本鄉的東京大學醫學部舉行的研討會，首次詳聽澀谷的論述。當天，澀谷以「兒少照顧者與自信」為題發表演講，踴躍報名的參加者們擠滿了作為研討會場地的大會議室。

依照日本傳統的價值觀，照料家人的孩童會被視為「懂事的孩子」。至於這個孩子承受多大的負擔、產生什麼樣的影響，這個社會並未有對此深入思考的視角。澀谷教授先如此說明後，接著強調指出，未成年家庭照顧者承擔照護工作，「並非應傳為美談的佳話」。

這句話和四年前聽到的原兒少照顧者朝田健太的疑問：「年少者的照護是自己的責任嗎」，在向畑腦中不偏不倚地合而爲一。澀谷的論述可說直搗本質。他已能確信，對讀者訴求兒少照顧者問題之際，此視角絕對不可或缺。

「就業構造基本調查」的客製化統計結果出爐後，向畑前去造訪澀谷。澀谷也心繫結果。訪談的標題即直接沿用澀谷的訴求。

並非應傳爲美談的「佳話」

記者　此次客製化統計最值得矚目的點爲何？

澀谷　重要的是兒少照顧者的「存在率」。相較二〇一二年，二〇一七年的存在率上升，顯見少子化導致孩童人口減少情況下，照護的孩童比率有增加之勢。據悉，英國由其二〇一一年人口普查算出的存在率（五至十七歲）爲二．一％。假使日本也不只侷限在「照護」，而用包括「照顧」在內的廣泛概念進行調查，數字應會更高。

記者　兒少照顧者中，有八成以上孩童「就學中」。照護對他們的學校生活有什麼樣的影響？

澀谷　恐怕缺席或遲到的狀況會增加。如果缺課，或是家裡無法確保可唸書的環境，成績將不會太理想。一旦這種狀況日積月累，孩子本身將會自我評價低落，認爲「自己沒有能力」。也有以照護家人爲優先，限縮了升學或就業等人生選項的案例。

記者　兒少照顧者面臨哪些環境的挑戰？

澀谷　照護的孩子時而被評價爲「懂事的孩子」。日本有「家人相互扶持是好事」的價值觀，由於當事人也這麼認定，所以會持續進行照護，不會逃避問題、從現實中逃開。然而，當事人究竟承受多大的負擔、產生什麼樣的影響？目前社會並未有深入思考這些問題的意識。不應讓兒少照顧者成爲人們稱許的「佳話」後就無疾而終。

記者　應採取何種支援措施？

澀谷　我們需要一個同理孩童、傾聽他們心聲的環境。「不想談照護的事」，或是認爲「說了有什麼用」的孩子很多。重要的是，教師或學校人員應設身處地、站在孩子的立場，傾聽、確認狀況，進而提供支援。英國已經在政府的主導下，開始建置相關架構。教育和社福等公部門應緊密聯繫，用社會的力量共同支持孩子們。

與澀谷同爲日本兒少照顧者研究先驅的大阪齒科大學助理教授濱島淑惠，對客製化統計給予高度肯定。此評價意見則刊登在頭版上。

「十至十九歲照護者的規模明朗化一點，在揭示社會存在一定規模的兒少照顧者一事上，有其重大意義。另一方面，政府的調查雖有問及照護的有無，唯兒少照顧者進行照顧的對象或狀況相當多樣，當事人未認知其係『照護』的情況也極多。加上十四歲以下兒童並未納入調查對象，故此次的數字僅是冰山一角。我們應認爲實際的規模必然更大，並需由社會整體共同進行掌握、建置支援的架構。」

校樣出爐時，文章也同步上線到《每日新聞》的新聞網站上。並被轉載到雅虎新聞、LINE 新聞等媒體。

未久，回應的電子郵件即大舉湧入特報部用來募集讀者體驗或意見的電子信箱。電腦的收信聲響個不停，二十封、三十封⋯⋯郵件以驚人的速度不斷往上飆升。且每封郵件蘊含的心意都極其炙熱，全都不像是短時間內寫成的長篇信件。這當中也夾雜了許多讀了報導才發現「原來痛苦的並非只有自己」的原兒少照顧者們的「告白」。

對迴響熱烈程度超出想像而感到如釋重負、沉浸在慶功氛圍的特報部辦公室，慢慢回歸平靜。只有吐出回應的傳眞機尖銳的電子聲，「嗶——」地響徹整個房間。向畑說：「說不定我們打開了一扇超乎想像的門。」翌日之後，迴響也未停歇。

三月二十五日，在新冠肺炎疫情擴大影響下，東京奧運暨帕運決定延後一年舉辦。時序已進入落櫻紛飛的季節。

向畑坐在開往轉調地大阪的新幹線車廂內。早在客製化統計報導前，他便已接獲四月開始調到大阪社會部的人事命令。專題系列報導的第一篇文章刊登後，他忙於東京住處的退租、搬遷事宜，也無暇與搭檔田中、松尾聚首回顧這一路走來的歷程。

年度底（日本企業的會計年度多爲每年四月一日至隔年三月三十一日）版

面本就擁擠。加上又正處新冠疫情報導的漩渦中，事後他才聽說，原來全是因爲松尾在報社內部周旋磋商，希望在系列報導的提案人向畑異動前，至少刊登第一篇報導，文章才能順利在這個忙碌的時期上報。調回大阪後，應會主跑大阪府警察，忙於採訪社會事件吧。向畑從新幹線裡面寄了電子郵件給松尾和田中，請他們後續繼續幫忙。雖然他對異動已習以爲常，但是這種依依不捨、放心不下的心情，卻是進報社以來第一次感受到。

系列報導有了好的開始，但最重要的兒少照顧者還是有許多未解的謎團。

成蹊大學的澀谷似乎也和向畑同感，認爲客製化統計的兒少照顧者應該更多。客製化統計的原始資料，即總務省的「就業構造基本調查」，原本就沒有把十四歲以下兒童納入調查對象。但是，經地方自治體和研究人員調查，已確認十四歲以下的小學生、中學生中，存在一定人數的兒少照顧者。所以應該還有年紀更小的兒少照顧者吧？

總務省的調查問及「有無照護」。但是，假使孩子本身缺乏「正在進行照護」的自覺，從而回答「沒在照護」呢？

透過採訪組的客製化統計，得知兒少照顧者進行照護的頻率。但是，究竟是負擔何種內容、多大程度的照顧工作呢？總務省的調查並未涉及這點提問。

再者，如田中所擔心的，如果承擔照護範疇外的多樣化照顧的孩童，並未認知到問卷調查中，用來提問的「照護」一詞，其實指的是自己在做的事呢？兒少照顧者的實際樣態依然如墜五里霧中。

國一的深夜、漫無目標的伴走

這裡是大阪梅田。

ＪＲ大阪站是每天吞吐量高達八十五萬人的重要門戶。只要由此邁開腳步，走向西日本規模最大的商業區，巨大的百貨公司和洗鍊的辦公大樓、櫛比鱗次的餐飲店，就會夾雜著熱氣與混沌、還有不可思議的調和感，在眼前敞開。高層大樓一棟接一棟地陸續興建，街道景觀現在依然時刻在改變。

二〇一一年一月的深夜。

一對母女就在那個街區，漫無目的地徘徊。

「要去哪裡？」

就讀國一的北川幸（化名）跟著媽媽美雪（化名），漫步在街道上。小幸並不知道媽媽的目的地。

百貨公司、錢湯、餐廳，已全數走過一遍。美雪邊喃喃自語，邊一而再、再而三地在同一街道來回。路上行人對美雪的舉動投以訝異的眼神，那視線讓小幸深惡痛絕。

到底什麼時候才要回家呢？究竟要去哪裡？好想快點回家——

回到家時已過半夜十二點，明天還要上學的說……

「這種生活到底什麼時候才會結束？我要崩潰了。」

小幸內心充滿絕望。直到多年以後，她才慢慢瞭解，這種漫無目標的徘徊，或許是罹患思覺失調症的母親以她自己的方式在和女兒互動。

小幸是大阪市出生、長大，土生土長的大阪人。

幼稚園時，父母協議分居，她跟著母親，兩人一起住在市區的公寓大廈。

發病前的美雪，興趣廣泛、喜歡往外跑。也積極加入小幸小學的媽媽排球隊，勤於練習。對小幸而言，與自己感情要好的美雪，是她暗自引以爲傲的母親。

沒想到，等到小幸升上小學高年級後，美雪突然變得常窩在家裡睡覺、足不出戶。

明顯感到不對勁，則是小幸小學六年級的時候。

美雪會用小到聽不見的微弱聲音，不斷自言自語、看著虛無的空中傻笑。叫她，她也不應。看起來就像是沉浸在自己的世界裡面。

小幸心想「媽媽是把我當空氣嗎？」這種倍感困惑的日子，愈來愈多。

小小年紀的小幸，當然不會有思覺失調症的相關知識。家裡又只有兩人相依爲命，所以也沒有商量的對象。

小幸上國中以後，美雪變本加厲，行爲舉止變得更加無法預測。連原本極拿手的廚藝、洗衣、打掃，也都碰也不碰了。自言自語的音量愈來愈大。聲音大到連小幸在自己房裡都聽得見。

她不想聽媽媽那不知所云的喃喃自語。只好關在房間裡面，戴上耳機，一直聽音樂，做自己的事。

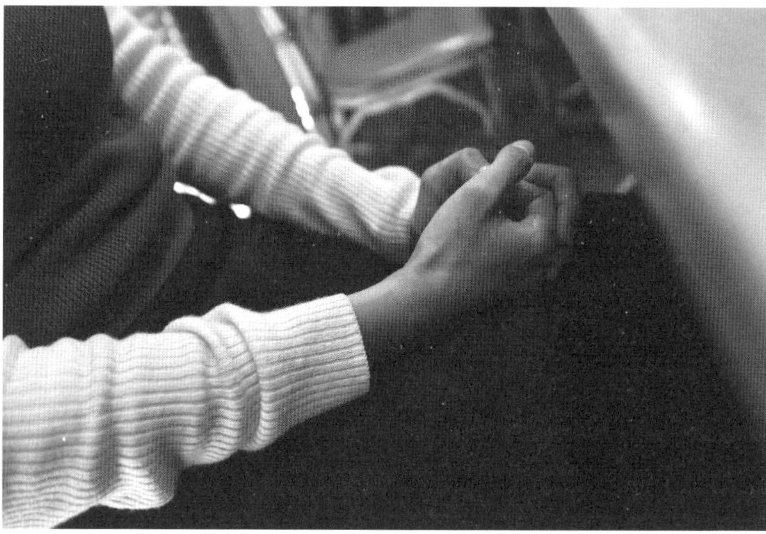

在小幸常被帶去的親子餐廳裡，媽媽不問她意見而單方面點的餐點，大多是牛排等「扎實厚重」的食物。「媽媽現在病況已經改善很多，也可以煮三餐了。」

雖然被媽媽漠視的感覺很強烈，但媽媽有時也會突然跟她攀談。

每當小幸放學回家，媽媽就會拋下一句「走囉！」，然後就帶著她到超市、錢湯或餐廳。去的地方形形色色，不到目的地不會知道要去哪裡。

雖然心裡其實不想出門，卻不敢違抗臉色兇惡的媽媽。說起來，打從以前，美雪就很會搜尋想去的店或咖啡館。所以看來似乎是先有個方向，這才帶著小幸前往。

她們的去處雖以梅田等繁華熱鬧的商業區居多，但有時也會去冷冷清清、什麼都沒有的郊外。

有天，美雪帶她來到位於市營地鐵終點站的錢湯。那是個看似只有在地人才會去的地方。美雪漫無目的地帶著她，在那個住宅區走了將近一個小時。

有天則是冷不防地，小幸突然就被要求坐上計程車。問美雪要去哪裡，她只簡短地說「和歌山」。在美雪的指示下，計程車載著她們來到距離大阪約兩百公里的和歌山縣串本町。抵達後，也沒什麼計畫，只是無所事事地信步而行。小幸沉默不語，媽媽則是邊走邊自言自語。

美雪沒先預訂飯店，卻恰巧有房間可以入住，可說是唯一慶幸的事。然而，完全沒有那種家庭旅行會有的開心好玩的事。

美雪極厭惡小幸走在自己後面。只准她走在前面或旁邊。小幸一定得隨時在媽媽視線範圍內。搭手扶梯時，也總是被要求站在媽媽前面。而這也讓小幸壓力山大。

在外面時，只要一進餐廳，美雪一定單方面幫小幸點餐，完全不顧她的意願。「吃這個！」

對於心情沮喪、毫無食慾的小幸而言，這只能說是酷刑。即便如此，因爲媽媽一定會催逼她吃，所以也只能順從。

兩人總是深夜才回到家。那之後小幸才能寫功課、打理媽媽不再碰的洗衣工作。好不容易上床睡覺時，已是凌晨四點左右。

兩人一起去超市。代替詞不達意的媽媽，和收銀台店員溝通的是小幸。美雪簡直就像購物成癮般，大肆採購同一商品。裝著用不到的雜貨、食品、還有垃圾的大塑膠袋，堆滿了家裡走廊。美雪不做飯的時候，小幸就從那裡面拿出速食食品或零食來充飢果腹。

美雪也控制她的服裝，許多天都強迫小幸穿著她規定的運動衣或運動褲。荒蕪的家。沒洗的衣服。小幸每每在浴室一待，就是將近兩個小時，彷彿被什麼附身似地拚命刷洗身體。正值青春期的少女，實難忍受「骯髒的自己」。美雪的行爲舉止令她無從理解。

美雪已不再洗衣，卻不知何故，有著用酒精消毒家中所有物品的癖好。小幸的制服也全是那個味道。每次教室裡有人說「怎麼好像有股臭味？」，小幸頓時緊張兮兮，擔心自己露餡，幸而沒被同學發現，這才鬆了口氣。緊接著心裡一股對媽媽的怒氣不禁油然升起。她好想放聲大罵，叫媽媽不要爲所欲爲！

在深夜打理家事和洗澡時間太長等因素影響下，小幸常處於睡眠不足的狀態。上課打瞌睡的情況也隨之增加。她變得課業跟不上進度，成績也往下掉。

即使親戚一再催促美雪去醫院，她還是頑固抗拒，表示自己沒事。雖然不解何以變成這樣，但是隨著時間流逝，小幸也逐漸接受跟判若兩人的媽媽，視爲生活理所當然的一部份。

打從孩提時候，小幸就常被說「聰明伶俐」。在美雪的事情上，周遭大人也常關心，表示：「你眞的很努力」。但是，小幸其實對這句話厭惡至極。

大人們或許想表達讚美之意……但她卻覺得彷彿只想要用一句話打發自己承受的一切似的，她感到既氣憤又傷心。

唯一讓她放鬆的地方是學校。家中的一切可以在與同學談笑之間暫時忘卻，她也幾乎不曾在朋友圈中談論母親美雪。「突然跟朋友說起家人的煩惱，朋友應該會不知所措吧」。她希望，唯有學校，一定要營造成「開朗的場域」，因而內心暗自決定，絕不在同學面前曝露自己陰暗的一面。

美雪對小幸的束縛愈來愈多。

她異常討厭小幸單獨外出。早上準備上學時，美雪會突然兇巴巴地對她說「今天不必去學校」——這樣的情況，一個月會有個幾天。不過是打算去附近的便利商店，卻才打開玄關大門，美雪就會從裡面飛也似地衝過來，生氣責問「你要去哪裡？」

因爲這樣，所以即使朋友約她出遊，她也總是回絕。

也有朋友不放棄地一再邀她，讓她非常過意不去。所以她也曾輕描淡寫地稍微跟這些同學說明原委。

可以穿想穿的衣服、自由外出的同儕，讓她倍感羨慕。「爲什麼只有我不行？」。有一次，她終於忍不住騙媽媽說有社團活動，會晚一點回家，然後和朋友去了KTV。國中時期和朋友一起出遊的回憶，就只有這麼一次。

只要放學晚點回家，美雪就會用尖銳的語氣質問她去了哪裡。連要順道去個藥妝店，都得想方設法。爲免因爲提購物袋，被美雪發現自己回家路上沒有直接回家，她只得把買來的物品藏在書包裡面。流感流行的冬天，全班停課，小幸也被傳染、發高燒，美雪卻不准她去醫院。

不過，媽媽倒是一定會出席中學的學校活動。在老師、家長、學生三方面談的親師會席上，她仍舊嘟嘟噥噥地自言自語。小幸只好拚命幫媽媽圓話改口，蒙混過關。

小幸開始偷偷在放學回家的路上，用公共電話打電話給住在附近的外婆，商量媽媽的事。擔心外孫女的外婆，常常代替再也無法做飯的美雪，幫小幸準

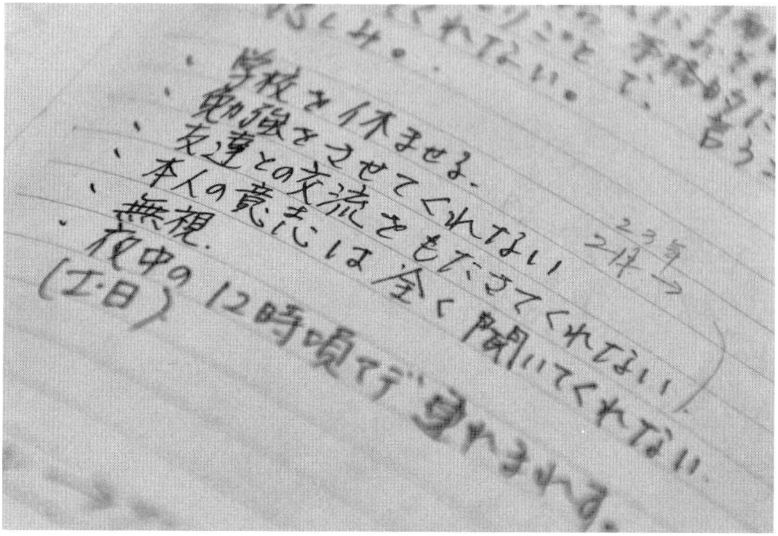

外婆的日記詳載小幸母親當時的狀況，像是「不讓她上學」、「不讓她唸書」等。內文翻譯如下：

不讓她上學

不讓她念書

不讓她和朋友交流

完全不管她本人的想法

漠視

帶她到處走直到半夜十二點左右（週六、週日）。

備便當。

外婆有一本記錄小幸求援的手帳。

「二〇一一年一月二十日　三天連假期間，小幸被帶著到處去，去了百貨公司、天然溫泉、吃飯。直到半夜十二點前才回家。」

「真夠受的了。美雪不但自言自語、傻笑、強逼小幸吃飯，而且嗓門還很大。」

「二月二十四日　小幸沒上學。我去拜託她導師協助不要讓她請假。」

除此之外，根據外婆的筆記，小幸所處的狀況大致如下：

不讓她上學、不讓她唸書、也不讓她和朋友交流、完全不顧她本人的想法、漠視、帶她到處走直到半夜十二點左右。

二〇一一年二月二十七日。這一天發生的事，小幸記得一清二楚。

半夜十一點，美雪跟平常一樣，把她帶到梅田的親子餐廳，並擅自點了牛排。小幸雖覺無奈，也只得開吃，但是當她把肉送到嘴邊時，卻突然一陣不適、噁心想吐。

即便如此，眼前的美雪仍硬生生地強迫她趕快吃。

就在這時，長期緊繃的心弦突然喀擦一聲斷了。

「我眞的不行了。救救我吧。」

小幸瞞著媽媽，操作手機，寄郵件給分居的爸爸和親戚。過不久，爸爸就過來接小幸。並大發雷霆地斥責了媽媽一頓。

其後，外婆雖前往區公所、兒童商談所諮詢，這些單位卻沒有任何作爲，只一味地說「應該送母親去住院治療」。小幸心想：就是因爲要說服媽媽住院很難，才會去諮詢呀！

小幸也曾忍無可忍，不假思索地衝著美雪說「噁心」，這種時候，她總是心痛又難受。

「媽媽只信任我，我卻這樣對她。」

對於曾經和自己那麼親密的媽媽，她一方面想親近、一方面卻又想抗拒，兩種感情交錯，讓她糾結不已。

就在小幸即將國中畢業前，親戚齊聚一堂，說服美雪住院治療。那天早上，幾位媽媽的親人來到家裡，把掙扎抗拒的美雪架進車內，送到醫院。不忍看到無力反抗、硬被帶走的美雪身影，小幸刻意在那個時間離家外出。但是，她的心裡鬆了口氣，慶幸自己總算可以解脫了，也是不爭的事實。

美雪被診斷爲「思覺失調症」。小幸一直到這時候才知道媽媽的病名。於是，她開始針對這個疾病，研讀相關書籍。

上高中後，小幸搬到外婆家，也重新獲得自由。她終於有自己的時間，可以讀書、參加社團活動、和同學玩在一起。美雪雖一再重複住院、出院的過程，病狀倒也逐漸改善，可以再度一起生活。小幸彷彿要彌補失去的時光般用功讀書，順利考上大學。

有一天，當她翻看國中畢業紀念冊時，目光突然停留在一張全班團體照上。相片裡面沒有她。

「啊！」

我那天沒上學呀。

記者曾問二〇二〇年初以來幾度受訪的小幸以下的問題：

小幸凝視著過往深夜被媽媽拖著四處走的大阪梅田商業區。「雖然心想，到底要去哪裡、什麼時候才能回家、好想快點回家，卻忍耐配合。」

回顧過往，對當時媽媽的行爲舉止有何看法？

「現在想來會覺得，也許她是因爲無法操持家務，所以想要透過外食、錢湯來善盡身爲母親的責任吧。因爲她是個凡事都力求完美的人。」

小幸已經長大成人，朋友建議她應該過自己的生活。然而，小幸卻一直無法擺脫「有我就有媽媽，兩人一組」的感覺。

「那感覺就像是，雖然想和媽媽聊點什麼，卻又沒什麼好說的。因爲我們原本關係就蠻親近的。沒想到疾病卻突然找上媽媽，有種硬被拆散了的感覺。如果沒有這個疾病，感覺我們應該就是一對平凡無奇、感情要好的母女。」

時至今日，小幸還是只要一踏進親子餐廳，就滿心厭惡。也很怕和別人一起吃飯。因爲她總是會想起當時的自己。

不過，她並非感到怨恨。

「現在回想起來，覺得誰也沒錯，而且想預防也無從預防。只能說碰到了沒辦法，就是想開、接受。」

二〇二〇年春天，考上研究所的小幸，開始過著一個人在外租屋的生活。搬離老家是小幸自己的決定。因爲她覺得，離開媽媽是一個契機，讓她能夠思考自己的未來，還有家族應有的樣貌。

時值新冠疫情肆虐，學校課程大約連續一年都是線上進行。雖然跟她原先描繪的學生生活有些出入，不過，她開始打工，也談了戀愛。「一開始雖對離家在外有些害怕，不過現在已大致習慣了。」

她在研究所主要鑽研的主題是兒少照顧者。

即便從照顧家人的工作中解脫，應該有很多人的心靈依然深受影響吧。她想把焦點放在孤立無援的人們身上，成爲他們的助力。

第二章

孤立的孩子「看著讓人心疼」

新冠疫情的限制

「爲實現人與人的接觸機會減少七到八成的目標，懇請民眾自律，減少外出。此次疫情非同小可。辦公室的工作，原則上希望居家進行。希望每個人都有『也許自己就是感染者』的自覺。避開人潮擁擠的地方、與他人保持距離。爲免飛沫傳染，懇請大家採取戴口罩等行動。」

二〇二〇年四月七日，舉行記者會的安倍晉三首相眉頭深鎖、神色苦惱。日本國內新冠疫情不斷擴大。政府根據「修正新型流感等對策特別措施法」規定，於這天首度對東京、大阪等七個都府縣，發佈緊急事態宣言。安倍首相呼籲民眾，務必徹底遵守社交距離、遠距上班等方針。

「緊急事態宣言」對象地區的首長們，除籲請住民自律、避免外出之外，並就學校、百貨公司等場所的使用、各式活動的限制和停止，進行要求和指示，民眾的生活因而受到大幅限制。四月十六日，政府再次宣布將「緊急事態宣言」的對象地區擴大到全國。

新冠肺炎也大幅改變了「與人見面訪談」這個採訪報導的基本。「每日新聞社」於四月十七日公布了四個採訪方針：

①面對面採訪時，謹記應配戴口罩並保持社交距離，為避免「三密」（密閉空間、密集場所、密切接觸），應力求在寬敞的空間進行採訪。

②緊急事態宣言的目標在於，將人與人的接觸減少八成。故應更勝以往地善用電話、電子郵件、通訊軟體等工具進行採訪。

③雖然報社實施限縮出勤人數等措施、力推遠距上班，但仍應確保不對採訪、新聞製作、新聞網站上線造成影響，以滿足「知的權利」之需求。

④相關方針於緊急事態期間結束後暫時維持，視事態變化再進行調整。

追求讀者「知的權利」與防止採訪活動導致新冠感染擴大，這兩者要同時兼顧，就跟開車同時踩加速和煞車類似。包括資深老鳥在內，許多記者都陷入「難以和採訪對象碰面」的窘境。

兒少照顧者採訪組所屬的特別報導部也不例外。編輯輪流出勤，部門人員則盡可能居家遠距上班。所謂「沒預約」的突襲、伴隨餐飲的採訪、等候白天碰面不易的採訪對象出門上班、回家之「夜襲、晨襲」，皆可能被視爲「有擴大感染之虞、背離常識的採訪手法」而遭受撻伐。

然而，與面對面採訪相較，在家讀資料或只用電話、線上所爲的採訪，在訪談的深度上仍有其極限。即使是不經意的閒聊，也可能產生獨家新聞，這是許多記者的共通經驗，但是，如果是透過電腦和畫面上的訪談對象拘謹對話，將難有此指望。也因爲如此，特別報導部內部的氣氛自是相當沉重。尤其兒少照顧者照護或照料的對象，大多是染疫後容易重症化的年長者，或有慢性疾病的病患。採訪組不得不更繃緊神經，也難以擴大採訪對象。

每天持續在家遠距上班的田中裕之，打開今年春季離開採訪組的向畑泰司寄來的郵件，滿心煩悶地又看了一遍：

「這個企畫接下來就是田中君的了，所以要殺要剮，悉聽尊便。只要我能做的，我一定會全力幫忙。」

緊急事態宣言發佈前，向畑和田中已就專題系列報導的版面鋪陳做過討論。編輯松尾良將此整理而成的企畫案，也已分送給編集局內部人員。然而，進入四月後，包括《每日新聞》在內，各家報紙的版面更是清一色都是新冠肺炎的相關新聞，與疫情採訪無涉的採訪組的報導，幾乎沒有上報的機會。雖然唯一可仰賴的新聞網站自三月二十四日以來，已連載五次描寫原兒少照顧者半生經歷的報導，但還是被龐大的新冠疫情新聞浪潮所淹沒。

一直到四月中旬，居家工作的田中才接到松尾來電。

「編集局決定五月五日兒童節，要用兒少照顧者做一個特集。」

「做吧。」田中立刻回覆，有種「總算輪到我們了」的感嘆。原來是黃金週假期的版面碰巧有空位，所以編集局內部決定製作一個左右兩頁的特集。他們決定把三月讀者迴響寄來的電子郵件和信件作爲主軸。松尾也指示填補向畑職缺，由春季加入採訪組的山田奈緒執筆。

事實上，山田奈緒係幾經周折才加入採訪組。

一開始的契機是，田中採訪了一位兒少照顧者的支持者，而這位支持者恰巧是山田公私兩面的朋友。就在採訪組成立未久的二〇一九年十二月四日，田中在東京北千住的咖啡廳，和照顧者行動網絡（Carer Action Network,

CAN）」的代表理事持田恭子會面。CAN是一個支持團體，長期針對身心障礙者的手足舉辦聚會。持田本身也有一個大她兩歲、患有唐氏症和智能障礙的哥哥。

訪談大致告一段落後，持田向田中問道：

「我也和《每日新聞》的記者山田奈緒聊過，你們是爲同一個報導進行採訪嗎？」

田中吃了一驚。當時他只知道山田跟自己一樣，都在東京總部，是社會部的記者。「說來慚愧，我並不清楚。應該是別的報導。」

那次採訪後，田中首次和山田聯絡。並相約在十二月十八日，於東京總部附近飯店的大廳酒吧碰面。

山田告訴田中，自己和患有智能障礙、重聽和精神疾病的姐姐住在一起。持田是經由共同朋友介紹認識，也是可以分享彼此家庭環境的好友。她也正在爲明年的《每日新聞》東京都內版，撰寫介紹CAN的報導。

「我們想鎖定頭版，撰寫兒少照顧者報導。不知可否給我們一些意見？」

田中向同時瞭解記者與照護者兩種立場的山田請益，希望她能提供建議。

「我覺得在報導時，不應把兒少照顧者當成刻板印象的悲劇處理，應先釐清《每日新聞》究竟想做的是什麼，再來向社會大眾訴求。」

事實上，當時對比自己資淺的田中也以敬語對應的山田，對兒少照顧者報導的意義是感到半信半疑的。她私心希望他們別寫出那種無視孩童感受、只強調他們是「可憐的孩子」之類陳腔濫調的報導。另外，山田也對沒聽過的「兒少照顧者」這個用語有所抗拒。「不管怎麼說，我都會有先入為主的觀念，所以我無法寫兒少照顧者的報導。」當時，山田這麼對田中說道。

然而，接下來卻是一連串巧合。隔年，也就是二〇二〇年四月的人事異動中，山田被告知將調到特報部，也就是與田中同一個部門。

田中邀山田共進午餐，向她說明專題系列報導的計畫，並拜託她「加入採訪組」。二〇二〇年三月二十三日，他們在位於東京總部地下街的居酒屋聚會討論。編輯松尾也在席間探詢她的意願。

山田終於點頭，表示願意加入。

迴響追蹤

《每日新聞》在三月二十二日的早報，報導了客製化統計的結果：經推算，照護或照料家人之十五至十九歲的兒少照顧者共計三萬七千一百人。報導引發廣大迴響，讀者透過電子郵件、信件、傳眞等，寄來許多意見。相關內容包括「自己也是同病相憐」等心聲、嚴苛沉重的照護工作現實、家人或專業人員面臨的各種苦惱。

眾多迴響中，有位二十八歲的讀者以眞實姓名井上耀仁來函，分享自己照護早發性失智症母親的經驗。田中向他提出專訪邀約。而爲因應新冠疫情對策之需，田中雖對相關操作不熟，仍決定使用視訊會議系統 zoom 進行訪談。井上一口答應，表示：「若是我的經驗談能帶來助益，夫復何求」。

井上隔著電腦畫面，回顧照護母親的心路歷程。

「當時既沒有兒少照顧者一詞，也不存在社群團體。我忙於課業之外，因爲實難承受母親日益怪異的模樣，曾不止一次精神崩潰。」

事情肇始於井上就讀國一的二〇〇四年，當時四十七歲的母親圭子突然變得常忘事。初始家人不以爲意，認爲大概是更年期症候群作祟。二〇〇六年，父親陽之亮因爲職務調動，隻身從川崎市的住家前往神戶赴任，井上遂和母親兩人一起生活了半年。

除了常忘事之外，圭子也開始記不住行程安排，或是經常迷路。井上還曾不斷安慰因爲忘事或迷路而心情低落的母親，鼓勵她：「沒事，這只是一時性的症狀。」

當時圭子從事教授日文的講師工作。每每與學生約好見面時間後，就會從三、四天前即開始每天前往約定地點，然後就會因爲學生沒來而垂頭喪氣地回家。慢慢地，圭子常懷疑自己做的事到底正不正確，整個人也變得悶悶不樂。除此之外，讓井上感到「奇怪」的舉動也愈來愈多。於是，搬到神戶的父親把圭子接到身邊，井上則被送到祖母家。

與母親每隔幾週才見一次面，但是，每每見面時就會發現其症狀愈趨惡化。爲此，以爲「時候到了就會痊癒」而抱著希望的井上頓失心靈上的寄託。壓力潰堤的井上因而引發恐慌症和自律神經失調症，也暫時放棄了大學聯考。

採訪過程中，有一個井上強調「今天最想分享」的插曲。那是他們一家三口在二〇一二年，前往溫泉勝地旅遊時發生的事。

圭子在旅遊地也一直口中唸唸有詞，說些沒人聽得懂的話。忍無可忍的井上不禁對她大吼：

「你到底在幹嘛啊！眞是夠了！」

父親沉默不語，只是目光看著井上，好像是在說「你也差不多該醒悟了吧」似的。父親的眼神訴說著，自己已想開也接受妻子罹患早發性失智症的事實，希望兒子也能理解。

母親已經不會復原了。就在這麼領悟的瞬間，井上不禁嚎啕大哭了起來。大概哭了四、五個小時有吧。而這「用罄一生淚水的嚎哭」成爲他接納一切、正向面對的轉機。

井上開始協助行動漸漸變得不便的圭子用餐、步行。雖然如此，因爲還有父親、祖父母在，所以「自己並不是完全孤立無援的兒少照顧者」。

二〇一七年十一月，圭子罹患肺疾過世。其後，井上到美國求學，大學畢業後，也順利就業。現在仍持續參加家有早發性失智症父母的當事人團體。

井上最初寄給採訪組的郵件內容如下：

「現在我可以就業、也能過著日常的生活，然而，社會上還存在許多求助無門、陷入絕境的兒少照顧者，他們的處境之嚴峻，從他們甚至覺得平凡如我無比幸福即可見一斑。（中略）隨著少子高齡化日益進展，照護父母已逐漸浮現為社會問題，但是聚焦兒少照顧者的媒體報導卻相當少見。請貴報務必把兒少照顧者視為未受鎂光燈關注的社福問題之一環，深入挖掘、探求本質，若能如此，身為一個過來人，將倍感萬幸。」

除了井上之外，採訪組還收到許多原兒少照顧者熱切的長篇來函。包括中小學時期照護家人的經驗、完全無法跟旁人吐露處境、現在也仍對未來感到悲觀的心聲等，內容都相當沉重。另行對來函者進行採訪時，皆使用 zoom 或電話、電子郵件，以防止新冠肺炎感染。

現年三十三歲，住在三重縣的女性，在信中透露自己十多歲時疲於奔命，照顧小自己一歲、罹患水腦症的妹妹和有老人憂鬱症的祖母之過往歷程。由於父母也都身患疾病，無力協助，因此這位女性當時必須一邊幫忙照料妹妹吃飯、洗澡、更衣，一邊就讀國中。她在信中提到，當時成天只想著，怎麼做自己才能不痛苦地死去，幸而有友情的滋潤、只要努力就看得到成果的學業，可以分散情緒，也才能有今天。

現年三十五歲，家住福岡縣的男性，父親是腦性麻痺、母親是小兒麻痺，姐姐也有罕見疾病。打從懂事以前就一直幫忙操持家務的他，因爲苦於學業和照護無法同時兼顧，以致引發恐慌症。他在信中吐露心聲，表示：「長期照料父母眞的很辛苦，希望社會大眾能知道有這種家庭的存在。」

也有受家人照護的被照顧者來信。這位讀者是一位下半身麻痺的輪椅使用者，她說自己在接受兩個讀中學的女兒協助洗澡的時期，深爲剝奪兩個女兒時間的罪惡感所苦。並哀傷地表示：「爲什麼會產生這種『家人的援手是負擔』的想法呢？」

小學三到五年級時，因爲照護失智的祖父母，以致那段期間在「不上學」和「保健室上學（上學但待在保健室）」之間反覆循環的女性，則爲採訪組加油打氣，表示很高興看見他們在文章和社群媒體探討兒少照顧者。這位已經上大學的女性說自己正根據從前的經驗，撰寫關於支援兒少照顧者的畢業論文。

來信之中，有讀者無人可商量家人照護事宜、在學校等地方也孤立無助。另外，也有意見指出，應提供符合照護狀況之支援服務等相關資訊、在學校教育中加強對孩子宣導以加深理解，還有更進一步訴求打造當事人可分享煩惱並互相幫助的「場域」之必要性。小學三年級時，遭逢父親腦中風導致全盲和高級腦功能障礙變故的五十歲女性，則透露了和母親、弟弟一起爲看護父親而奔波忙碌的過往。她指出「走投無路的家庭根本沒餘力查詢支援服務相關資訊，希望學校、醫院、照護支援專員等，能更積極主動提供資訊。」

有位女性則在十四歲時，因父親失明而須幫忙照護和打理家務。她也根據自己長大成人後的經驗，憂心忡忡地提到：「平日的資訊收集和人脈建立對照護工作非常重要，年少的孩子有辦法做到嗎？」另外，她也強調充實教育內容的重要，建議應從小學高年級開始就安排課程，讓學生學習人壽保險的機制、互助的重要性，以及需接受照護者的現況。

另一位二十八歲的女性，則是在十九歲到二十五歲期間，照顧罹患多發性骨髓瘤的母親。她說自己在那段期間，受到家有父母需照護的朋友極大的鼓勵。她透露說：「如果沒有友人，我的精神狀態應該會更疲憊不堪」，並強調，爲了避免當事人陷入孤立，「分享煩惱」極爲重要。抱著「想讓相同境遇者知道自己並不孤單」的心情，她撰寫部落格，沒想到讀者卻大多是四十至五十九歲年齡層的族群或社福領域相關人員，根本觸及不到兒少照顧者，讓她非常灰心。顯見即使長大成人的原兒少照顧者，想把自身經驗作爲借鏡，傳承給年輕世代，仍面臨得不到孩子們關注的現實。

此外，採訪組也收到來自兒少照顧者的家人、社福和教育領域相關人員的迴響。除了關心孩子因照護工作產生的身心負擔、對採訪組今後報導的期許之外，從中亦可窺知，有不少父母對兒少照顧者的照護重擔，感到憂心不捨。

先生因車禍而癱瘓臥床的女性就透露說，自己讀小學、國中、高中的子女全都加入照護的行列，並提到是因爲孩子們的努力和忍耐，一家人才能團聚在一起。

另一位育有重度智能障礙子女的女性，則吐露眞實心聲，表示不想讓其他年幼子女幫忙照顧。

有一位住在大阪市、育有三名子女的四十三歲媽媽，其中，次女患有染色體異常疾病。她認爲：「『兒少照顧者』並不等於『可憐』。只要身邊有能設身處地替自己著想的理解者或協助者，也會有可體驗多樣想法或經驗的樂趣。」她表示她兩個協助次女更衣或洗澡等各種照護工作的子女，常參加同世代聚集的家族聚會、與支持者交流。女性在信中提到：「有些美好的相遇，正是因爲拜次女存在之賜，才會有此緣分。」顯見周遭的人際關係，或許會對兒少照顧者的負擔沉重與否，造成重大影響。

一位在大學兼任講師的女性，則在來信中提及有位學生因爲上酒精成癮症的課，才赫然發現自己的媽媽有酒精成癮症。這位學生似乎從小學時候，就常要照顧下班後喝得爛醉如泥、有時失禁的媽媽。女性表示，看到這學生的狀況，讓她不禁擔心是否還有其他爲照護疲於奔命的小孩，依舊缺乏成癮症或失智症相關知識。

住在日本中部地方，擔任學校社工師的五十多歲女性，則憂心如焚地指出：即使孩子因照護工作而輟學等，被剝奪學習的權利，第一線的教育單位或行政單位也總是視其爲幫忙父母的『好孩子』而輕輕放過，沒有進一步的作爲。她對採訪組的報導寄予厚望，表示「希望貴報能以保護兒童權利的觀點爲重，持續進行宣導」。

住在東京都，因爲參與精神障礙者家族聚會活動，而持續與兒少照顧者有所接觸的七十二歲女性則認爲：「目前教育和社福領域各自爲政、壁壘分明。

實有必要建立一個只要發現貌似涉及照護的孩子的異狀，學校就可和社福部門或醫療領域專家聯繫、因應的機制。」

這些迴響作爲橫跨左右兩頁的特集，刊登在五月五日的早報上。並附上《每日新聞》內部稱爲「特版」的斗大標題：

〈孩童爲家人扛重擔　支援與宣導的訴求聲浪高漲〉

對採訪組而言，這是暌違許久之後再次躍登版面的文章。而對於兒少照顧者報導引發廣大迴響這一點，大阪齒科大學的濱島淑惠再次提出以下見解：

「兒少照顧者的過來人之所以會寄來許多意見和體驗，應是因爲社會鮮有可安心談論家人或照護狀況的場域，深盼自己的問題受到理解之故。由此令人重新認知到，他們是多麼孤立無援。根據我的調查顯示，很多人並未意識到照顧家人對生活造成負面影響，所以我想應該也有人是讀了報導後，才發現原來自己也是兒少照顧者。這種兒少權利未受保障的狀況，實無法用一句『懂事幫忙的好孩子』即可輕輕帶過。一般認爲，隨新冠肺炎感染擴大而來的閉校或外出自律等措施，將更加深兒少照顧者孤立，實令人憂心。」

就在迴響特集刊登二十天後，也就是二〇二〇年五月二十五日，緊急事態宣言終於全面解除。

報導谷村純一、北川幸（兩者皆爲化名）等五位原兒少照顧者半生經歷的連載，也登上六月二十三日至二十七日的早報，比新聞網站「每日新聞數位」整整慢了三個月。日本全國上下，從首次遭遇的病毒帶來的恐懼中，逐漸恢復冷靜，新冠肺炎以外的新聞也慢慢恢復報導。

二〇二〇年八月，在任期間長達七年八個月，號稱政界「獨大」的安倍，基於健康因素，宣布辭去首相職務。唯在相關人士之間亦有耳語謠傳，說他可能是因爲新冠疫情防疫方針混亂、飽受批評，壓力太大，導致舊疾復發。其後，在安倍政權下擔任官房長官的菅義偉，於九月繼任首相職位。唯此時還沒人知道，政府會因爲疫情再起，而在翌年年初發佈第二次緊急事態宣言，甚至被迫在四月和七月又再發佈宣言。

另一方面，政府在解明兒少照顧者實況和擬定支援措施等步調上，則相當牛步。

二〇一九年三月召開的參議院預算委員會中，無黨籍的參議院議員藥師寺道代，曾就支援家庭照顧者的必要性，提出質詢。時任首相的安倍，答辯極其千篇一律：

「對於有照護需求的人或其家人等，由社會整體共同提供支援極爲重要。有關家庭照顧者的支援，除力求營造出社會整體共同支持需照護者及其家人的環境外，爲期能朝此方向邁進，亦將就可望有何因應對策，進行深入研究。」

此內容看似正面積極，然若考量這應是官員製作的官員答辯，則其「無意立即投入支援」這個背後隱含的意思，就會清楚浮現。

而對於立憲民主黨參議院議員牧山弘惠提出的書面質詢稿，政府於二〇二〇年二月閣議決定的答辯書，只是冷淡地表示「將根據調查研究的結果，推動必要措施」。

值此新冠疫情蔓延中，新加入採訪組的山田開始就自身關注的領域——也就是針對家有精神障礙者的兒少照顧者，進行相關訪談。一提到「照顧家人」，人們總是會先聯想到推輪椅、協助如廁等「身體照護」。看過向畑和田中的訪談筆記後，山田覺得他們也是比較偏身體照護。

話雖如此，在緊急事態宣言下，能做的事有限。她透過電話或線上，和答應受訪的研究人員、民間支持團體等聯絡。其中之一即位於埼玉市的非營利組織法人「pulusualuha」（ぷるすあるは，以下用其英文簡稱 pulusu 表示）。該法人對提供有助支持精神障礙者家人的資訊極爲積極，把這類資訊傳達給兒少更是不遺餘力，這點在現階段，於全國實屬罕見。

pulusu 擔心因疫情而無法出門的孩童，會積累更多壓力，故在官網上開設特集網頁。山田撰文介紹的文章，於四月二十五日刊在「每日數位」網站上。pulusu 的特集網頁列舉了十八個舒緩身心負擔的小秘訣，包括「對自己說很多正面溫柔的話」、「試著寫下造成壓力的事項和消除法」、「與人連結」等。爲方便孩童理解，其並善用巧思，繪製視覺性的插畫，要他們出門散步或到公園散心等，呼籲安排時間、與有障礙家人暫時分開的重要性。

另外，經由與專家學者訪談，也為今後的報導方向找到線索。想必醫療相關人員、學校社工師、保健室的老師等人員，應該也都是發現、支持兒少照顧者的關鍵才是。

採訪組的兒少照顧者系列報導，細水長流地持續著。這個時期，追隨的媒體還不多，心境上差不多就像是一個人旅行的「獨旅」。

自五月刊登迴響特集以來，過了三個月的二〇二〇年八月十一日，採訪組暌違多時的調查報導，再次躍上《每日新聞》早報的頭版頭條：

〈「身邊有承擔照護工作的孩童」一六%　全國照護支援專員調查〉

「照護支援專員」係支援照護的專業人員。其工作內容主要為：受理有照護需求的人或家人的諮詢、擬定利用照護保險制度提供的服務之服務使用計畫。其係隨二〇〇〇年照護保險制度實施而引進，在二〇一九年度的時點，日本全國擁有相關資格者約七十萬八千人。而實際從事業務者，在二〇一七年的

每六個照護支援專員
就有一個回答「有兒少照顧者」

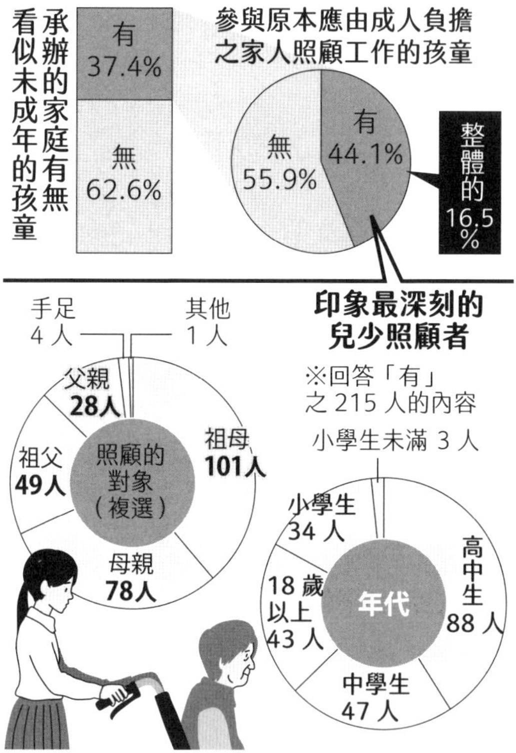

時點，全國共十九萬七千兩百三十人。根據規定，照護支援專員負有每個月和使用者面談的義務，因此，他們知道承辦家庭的狀況、特別是孩童參與照護的情況之可能性極高。

採訪組和經營照護暨健康照護事業的企業網路無限公司（Internet Infinity，位於東京都品川區）攜手合作，針對全國的照護支援專員，廣爲進行問卷調查，以瞭解他們是否承辦過有兒少照顧者的家庭。換言之，採訪組嘗試代替反應遲鈍的政府，透過照護支援專員，調查兒少照顧者的全國規模和實際狀況。

結果發現，有一六．五％回答曾負責過有「扛起相當成人照護工作的孩童」之家庭。

該說不出所料嗎？許多照護支援專員皆指出這些孩童出現學業、身心發展失調等負面影響。而強調「支援態勢不足」的意見，實則佔整體的九六．四％。

網路無限公司目前營運一個以照護支援專員爲對象的線上照護管理網站。註冊成爲會員的照護支援專員約九萬兩千人。問卷調查期間爲二〇二〇年六月

照顧的內容　※複選

131人	家事（煮飯、打掃、洗衣等）
128人	照料日常生活（餵食或更衣、協助移動等）
110人	生活採買、家中修繕、搬重物
69人	身體上的協助（如廁、沐浴、擦拭身體等）
65人	情感面的支持（加油打氣、傾聽抱怨等）
47人	醫療面的照料（服藥管理、抽痰、陪同看診、陪同搭乘救護車等）
43人	金錢管理（支付帳單等）
42人	看顧、監控徘徊行為
34人	對話協助（通譯等）
30人	照顧手足

對生活造成的問題　※複選

51人	常請假未上學
48人	無法參加社團等課外活動
41人	情緒不穩定
35人	無法和孩童本人或其家人討論詳細狀況，不知道是否有對生活造成問題
33人	無法結交可推心置腹、如實説明狀況並商討的友人等，感到孤立
31人	衛生狀況不佳
30人	學業成績低落
30人	沒有對生活造成問題
29人	上學常遲到
27人	營養狀況不佳
23人	放棄升學
18人	無法就業

五日至十五日，採取在網站顯示採訪組製作的問卷調查表、會員作答之形式。

作答的一三○三人中，有一六．五%，亦即二一五人，曾負責過有兒少照顧者的家庭。作爲大標題的數字，正是有經驗者佔全體作答者的比率。

進一步鎖定「印象最深刻的一位兒少」詳加詢問後，結果顯示，兒少照顧者孩童的性別比率爲女生六成、男生四成，女生略多。年齡層則是，回答「高中生」的照護支援專員爲八十八人，居首，其次依序爲「國中生」四十七人、「十八歲以上」四十三人、「小學生」三十四人。而「小學生未滿」這個令人吃驚的答案，雖只有三人回答，卻實際存在。

對於「該孩童照顧的對象家人（複選）」問題，回答「祖母」者爲一○一人，佔整體的一半左右。其後依序爲母親七十八人、祖父四十九人、父親二十八人。採訪組認爲，照護對象中，「祖父母」之所以相對突出，應是因爲照護支援專員職務上，本就是承辦家有六十五歲以上長者的家戶居多之故。

「兒少承擔照顧工作的理由（複選）」，則以「父母生病或住院、身心障礙、精神疾病」最多，爲七十六人。其次分別是「父母要工作，無法充分投入家人照顧工作」六十七人、「沒有其他人可以照顧」六十二人、「單親家庭」

四十五人。也有照護支援專員記述指出，有孩子係「父親工作不在家，母親患有精神疾病」。顯見家庭環境無疑是產生兒少照顧者的重大原因之一。

照顧的內容（複選）則以家事（煮飯、打掃、洗衣等）居首，為一百三十一人。照料日常生活起居（用餐、更衣、協助移動等）、「日常生活採買、家中修繕、搬運重物」也分別有一百人以上。

此處的重點在於，問卷內容係鎖定涉及「原應由成人負擔的家人照顧工作」之孩童，進行提問。家庭照顧者的支持團體「一般社團法人日本照顧者聯盟」，將兒少照顧者定義為「承擔類似成人擔負的照顧責任之孩童」。採訪組事先就預料到，或許會有讀者認為「所謂家事，不就是幫忙做點家裡的事罷了？」以致不認為做家事有什麼問題，然而，此次的照護支援專員調查係，僅限扛起超越「輔助性幫忙」層次之重擔的孩童，並獲致此驚人結果。

再者，身體上的協助、情感面的支持、抽痰等醫療性照料、看顧徘徊行為等，進行更全面性照護工作的兒少，也各有數十人。一位六十多歲的女性照護支援專員即透露，有個孩子的照護對象是，被評定為最重度之「需照護等級五」的祖父，這個孩子「從協助換尿布、翻身到協助洗澡等，進行所有各式各樣的照護工作」。

對孩童生活層面造成的影響（複選）也包羅萬象。學業層面上，「常請假沒上學」五十一人、「無法參加課外活動」四十八人、「學業成績低落」三十人等。與身心不適有關的敘述也極多，包括「情緒不穩定」四十一人、「感到孤立無援」三十三人、「衛生狀況不佳」三十一人、「營養狀況不佳」二十七人。

另外，也引發恐影響成人後人生等嚴重的事態。像是「放棄升學」二十三人、「無法就業」十八人。一位四十來歲的男性照護支援專員即對「除了失去學習機會之外，連友伴關係都無法發展就長大成人，被社會孤立」的孩童，表達憂心之情，並感嘆「從照護畢業後，什麼也沒留下，手邊一無所有」。

除了上述問題之外，也詢問所有受訪的照護支援專員（不論有無承辦過兒少照顧者家庭的經驗），「新冠疫情蔓延之影響」（複選）。其中，「照顧所致疲倦、壓力增加」佔八二・五%、「家人焦慮、發生衝突的狀況增加」佔七二・二%、「因閉校、外出自律而加深孤立感」則佔七一・一%。

提出照護支援專員問卷調查構想的，係二〇二〇年春季調離採訪組的向畑泰司。

向畑係在二〇一六年，經由其首次得知兒少照顧者的契機，也就是「照護家族」連載的取材，而有調查全國照護支援專員的經驗（內容不限兒少照顧者，調查結果在二〇一六年二月躍登大阪的《每日新聞》頭版）。當時協助調查的企業，就是網路無限公司。

二〇二〇年一月三十一日，以兒少照顧者採訪組記者身份進行採訪報導的向畑，帶著搭檔田中裕之，前去位於JR大崎站前的網路無限公司拜訪。他提議這次是否要以註冊他們公司網站會員的照護支援專員爲對象，一起進行兒少照顧者相關調查。在筆記本上振筆疾書、熱心聽得入神的該公司網站編輯部人員多朵正方一口就答應說要一起調查看看。當時因已料到向畑會在春季調離採訪組，因此照護支援專員調查的相關事務便由田中負責。

兒少照顧者實況調查的前例少之又少。厚生勞動省曾對日本全國市町村處理兒童虐待相關問題的「要保護兒童對策地域協議會」（需受保護之兒童對策社區協議會）進行調查，並在二〇一九年四月發表了調查結果。然而，各協議會雖身爲接觸孩童的第一線單位，對兒少照顧者概念有所認識者，卻不到三成，僅有二七・六％。加上行政部門也欠缺問題意識，因此採訪組早早就把對地方自治體進行問卷調查這個報社常用的手法，從選項中剔除。

相對於此，貌似可作爲照護支援專員問卷調查參考者，乃是「日本照顧者聯盟」以教師爲對象，於新瀉縣南魚沼市（二〇一五年）、神奈川縣藤澤市（二〇一六年）進行的兩個調查。這兩個調查結果顯示，回答「曾接觸感覺像是兒少照顧者的兒童、學生」之教師，南魚沼市爲二五・一％、藤澤市爲四八・六％。照護支援專員問卷調查的調查表，遂決定以這些調查爲基底。並進一步委請成蹊大學的澀谷智子進行審訂。

澀谷在她的著作《兒少照顧者：承擔照護的兒童、少年之現實》（ヤングケアラー　介護を洎う子ども・若者の現実，中公新書）中，曾提及自己爲什麼會對兒少照顧者抱持關心。

「筆者也對兒少照顧者開始關注的背景主要在於，忙著育兒卻又掙扎著想獲得教職的時期，剛好和知悉『兒少照顧者』一詞的時期相同之故。看不到職涯的未來發展，家庭也不平穩時的不安定性，讓我對兒少照顧者產生共鳴。」

當時澀谷一邊養育兩個小孩，一邊在大學當兼任講師。每天疲於奔命，總是一早起來就先查看電子郵件，緊接著做小孩的早餐、穿著裝扮後，急忙趕上班。一週有一半時間需趕在晚餐前回到家，打理煮飯、洗衣、幫小孩洗澡等家事。她也曾在哄小孩睡覺後，半夜開電腦工作，過度勞累弄壞身體。論文的產出量、參加研究會的次數，也都大幅減少。「家庭和工作兩者都很重要，而且，明明是那麼的重要，卻兩者都時而讓我忍不住覺得是種負擔，這種感覺令我痛苦莫名」，澀谷在書中娓娓道來自己的心境。

值此時期，澀谷讀了英國的兒少照顧者經驗談集。她表示，他們在「想珍惜家人的心情」和「對自己的未來充滿不安」之間撕裂成兩半的模樣，讓她感同身受、難以置身事外。

而田中也是個「育兒記者」。就在從政治部調到特別報導部的二〇一九年四月，他開始與同在上班的妻子換手，挑起長子的照顧工作。每天忙於兒子的托兒所接送、準備三餐、洗澡、哄睡，可用來工作的時間因而減半，以致常在兼顧撰稿和育兒兩者之間糾葛不已。誠如澀谷也提及的，照護和育兒畢竟不同。但是，即便如此，正因為尚未成年的兒少照顧者體力、精神力、社會經驗、知識、人脈都遠比成人缺乏，因此不難想像他們照顧家人的負擔必定更加沉重。

田中在澀谷的建議協助下，做好了給照護支援專員作答的調查表。澀谷也說，沒看過以照護支援專員為受訪對象的兒少照顧者全國性調查。雖說要將含民間在內的所有調查一網打盡有其難度，不過，既然連身為專家的澀谷都沒看過，那麼應可視之為開先河的全國性調查創舉（這個定位將可大幅提升報導的價值）。

照護支援專員調查於二〇二〇年三月中旬至四月上旬期間，在網路無限公司營運的「線上照護管理」網站上實施。然而，由於那之後政府針對全國發佈緊急事態宣言，於是，急忙追加新冠疫情影響的相關提問，於六月重新進行調查。當時調查的提案人向畑已經調職，在立場上只能透過郵件或電話溝通，提供意見給田中和新加入的山田奈緒參考。

六月十五日，田中收到網站編輯部多朶用電子郵件寄來的照護支援專員調查結果。捲動郵件附檔畫面的田中，一找到有承辦兒少照顧者家庭經驗的照護支援專員佔整體的「一六．五％」這個數字後，即寫郵件向採訪組的成員報告。每六個照護支援專員就有一個，這個數字深具說服力。編輯松尾良回信表示這足以拿來當報導的題材。

田中和山田也將結果通知澀谷，並在六月二十九日與她進行線上訪談。

「即便限定在『扛起類似成人擔負的照顧工作之孩童』，也佔熟知照護的照護支援專員的一六％，這個結果著實令人吃驚。」

澀谷對照護領域專業人員的回答，做出前述評論。

「兒少照顧者的調查會因『問的是誰』，而產生不同的結果和內容。學校老師能察覺孩童的學校生活有異樣。然而，他們卻不會知道其背後的理由。我覺得跟老師相較，照護支援專員更能在瞭解兒少照顧者的照顧工作下，論述其影響。」

澀谷亦參與了「日本照顧者聯盟」在南魚沼市、藤澤市舉行的調查。身爲這兩個調查受訪對象的教師，雖對孩童在校時的狀況知之甚詳，卻難以連回家後的生活都有所掌握。相對於此，對家庭照護涉入甚深的照護支援專員，則對該家庭的狀況瞭若指掌。正因爲照護支援專員本就有立場直接詢問孩童本人或家人，孩童承擔什麼樣的照顧工作及其影響，因此澀谷對此次的調查結果格外重視。

照護支援專員的苦惱

在問卷的自由記述欄中，綴滿了目睹兒少照顧者苦戰困境的照護支援專員們的苦惱。

「孩童出於對家人的情感，不得不自立自強，過著孤單無依的生活。看著令人心疼不捨。」（六十多歲、女性照護支援專員）。

「沒有決定權，卻被賦予重任，趕鴨子上架地被迫扛起和外部成人交涉、判斷的責任。」（五十多歲、男性照護支援專員）。

「曾有被父母強加照護工作、無法就業的孫子，當時我應採取什麼樣的行動才好？」（五十多歲、女性照護支援專員）。

有受訪者憂心孩童被趕鴨子上架，一肩挑起家人的照顧工作，背景之一

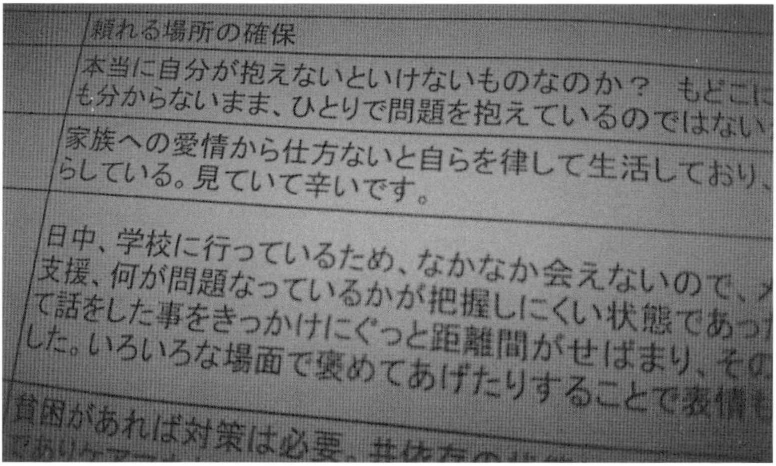

頼れる場所の確保
本当に自分が抱えないといけないものなのか？ もどこに
も分からないまま、ひとりで問題を抱えているのではない
家族への愛情から仕方ないと自らを律して生活しており、
らしている。見ていて辛いです。
日中、学校に行っているため、なかなか会えないので、
支援、何が問題なっているかが把握しにくい状態であっ
て話をした事をきっかけにぐっと距離間がせばまり、その
した。いろいろな場面で褒めてあげたりすることで表情
貧困があれば対策は必要、

照護支援專員問卷調查結果中，有許多憂心兒少照顧者身心發展不良的敘述。

爲家庭經濟困頓，這恐有引發家庭暴力（DV）、棄養（忽略）等兒童虐待之虞。而最令人矚目的意見則是「孩童置身在難以對家人之外的成人求助之狀況」。

另外，兒少照顧者不瞭解其負擔之沉重，以爲「這很平常」的案例，也不在少數。此特徵也和採訪組這段時間以來，直接訪談的原兒少照顧者不謀而合。也有意見指出「他們不知道公部門提供的服務，欠缺解決能力」（四十多歲、男性照護支援專員）。

回答「承辦過有兒少照顧者的家庭」之二一五位照護支援專員中，有近一半（一〇四人）承認「雖知道不在業務範圍內，卻不得不採取某些因應措施」。至於「因應措施的內容」（複選）則有「傾聽當事人的煩惱」六十五人、「聯繫學校或政府機構提供支援」三十五人、「協助移動、飲食等，進行照護上的幫忙」二十四人。

有位六十多歲的女性照護支援專員則透露自己的成功經驗，表示自己和平日上學的兒少照顧者透過寫紙條或留信等方式，互通訊息。她說在各方面給予稱讚後，孩子的表情變得比較開朗，她也在其尋求升學就業相關建議時，提供參考意見。

另一方面，也有部分照護支援專員對孩童承擔家人的照護、照料工作，持肯定態度，認爲「亦應珍惜可經由照護學習到各種經驗等正面的影響」。一三〇三位受訪者中，有五七六人，也就是相當於四四・二%的受訪者，對兒少照顧者已逐漸成爲社會問題的本身，回答「不知道」。這意味著仍有許多照護支援專員雖從事長照家庭的支援工作，卻未察覺兒少照顧者的存在。即便有所察覺，也因爲目前缺乏社會層面的支援機制，以致是否要從個人層面對兒少提供支援，端賴照護支援專員們的意識，特別是他們的善意。

那麼，照護支援專員族群思索的兒少照顧者支援措施爲何？全國性調查亦就此提出詢問。

經詢問在支援兒少照顧者上「對社會的期許爲何」（複選）後，以「建置照護業者、學校、地方自治體、醫療機關、社區等相互串聯、整合的支援體系」最多，佔六六%。由此可知，有三分之二的照護支援專員，對相關機構協調整合、共同提供支援，寄予厚望。

也有意見指出，「孩童或家庭的個資保護」這個表面上的理由，成爲實際提供支援的「障礙」。年約五十多歲的女性照護支援專員在自由記述欄中，寫著「如果學校、民生委員*、照護支援專員、學校諮詢員等各種職務的人能協調合作、資訊共享，將有助支援提供」。

另外，受訪者也相繼提出許多出自親身體驗的不滿，像是：照護支援專員的業務範圍有其極限、相關機構各自爲政、缺乏橫向聯繫的「縱向行政」模式等。

「雖有跟行政部門諮詢，卻只得到『觀察狀況』的回覆。程度上僅止於有異狀才報告。」

「不管是行政部門或學校，絕對都不願逾越自己的職掌範疇。」

「行政部門、學校、兒童相談所等單位皆對狀況有所掌握。可是卻沒人採取動作。如果是這種作法的話，沒人能獲得協助。」

＊ 譯註：民生委員係厚生勞動大臣委任、屬於兼任的地方公務員。無給職。主要工作爲受理社區居民各種生活上的諮詢，居中聯繫行政部門提供服務，並守護高齡者或身心障礙者家庭、給予關懷等。

對於「哪些機關應聯繫整合以提供支援」之提問，作答結果以含學校社工師和學校諮商員在內的「學校」、「地方自治體」最突出，分別佔全體回答者（一三〇三人）的三五．一％、三一．五％。

之前曾有一位住在福岡縣的女性照護支援專員（四十七歲），在讀了兒少照顧者專題系列報導文章後，給採訪組寄來詳述感想的明信片。明信片上也如實記載了聯絡方式。田中遂藉此次問卷調查的機會，打電話給該女性照護支援專員。

這位照護支援專員曾承辦過一個分別由就讀高三和高一的兄妹，照顧七十多歲祖母的家庭。祖母罹患失智症，並有幻覺、幻聽症狀。但是，單親的父親常忙著工作到深夜。看到該家庭的狀況，照護支援專員忍不住語帶悲痛地說：

「看到兩個孩子說爸爸爲了家庭很拚命，而一肩扛起照顧工作，實覺可憐不捨……」

這個家庭的情況係，祖母會在兩兄妹放學回家的時間，從日間照護中心返家。換尿布、協助如廁等，祖母生活起居的照料，都是兄妹兩人的工作。照護支援專員告訴田中，他們家裡凌亂不堪，到處都是裝滿垃圾的塑膠袋，一家常以麵包或泡麵果腹。

祖母也時有突然企圖外出、拿出菜刀等脫序行爲，照護支援專員只得跟兩兄妹說明「這些行爲都是疾病造成」。但是，當她和父親面談時，父親卻不以爲意地表示「兩個小孩沒問題」，完全沒有要解決的意思。有感照顧工作也對哥哥的大學聯考造成影響，專員遂建議父親把祖母送進設施。父親卻表示負擔不起那個費用，且祖母本人也覺得在家比較幸福，而斷然拒絕。

「明明情況已逼近臨界點，卻不知該如何進一步協助才好。」

照護支援專員的言談中透露出，深感介入家務事有業務上的極限，實在讓她心急如焚。

總之，隨照護支援專員調查結果順利上報，採訪組的確有又往兒少照顧者的實況更靠近一步的感覺。然而，調查仍有許多極限，卻也是不爭的事實。

首先，調查對象是照護支援專員，而非兒少當事人。調查所得資訊，僅止於來自照護支援專員的「轉述」。內容方面，也並非有就孩子照顧負擔的沉重程度設定客觀基準，而是基於照護支援專員的主觀感受。

即便每六位照護支援專員就有一位曾負責過兒少照顧者家庭，但是，各個照護支援專員迄今爲止，究竟經由業務目睹過多少兒少照顧者，則不得而知。此次調查之所以把問題鎖定在「印象最深刻的一位孩童」，乃是爲了減少忙碌的照護支援專員的作答負擔，並方便網路無限公司和採訪組統計而採取的苦肉計。既然有四成的照護支援專員對兒少照顧者問題無所認知，那麼就有許多未被「發現」的兒少之可能。換言之，「一六・五%」這個規模感，嚴格說來，不過是個參考指標罷了。

另外，基於照護保險制度本身的規範，照護支援專員的工作往往偏向高齡者家庭，這是沒辦法的事。「日本照顧者聯盟」定義的十種兒少照顧者類型中，照顧高齡家人以外的兒少，此次問卷調查究竟網羅到什麼程度？

不問兒少當事人就不會知道的事依然繁多。

手足與我

二〇二〇年十月，十九歲的松林紗希，順利考取了東京某藝能事務所。

她本就對自己的歌喉抱有自信。也曾在高一時參加家鄉電視台舉辦的歌唱比賽。

在最關鍵的甄選會上，她選了歌謠「故鄉」（作詞／高野辰之、作曲／岡野貞一）的第三段作爲試唱曲。

一展抱負
直到有朝一日衣錦還鄉
高山青翠的故鄉
流水清澈的故鄉

她刻意不選人人耳熟能詳的第一段歌詞「追逐野兔」決勝負。如今，站上

述說照顧手足歷程的松林紗希。「為手足而活的自己——這個存在意義從小就深植心中」。

夢想起跑線的紗希離鄉背井，從生長的家鄉山形縣，獨自來到東京都會區生活。

「故鄉的第三段歌詞」根本就是我的寫照吧，她一想到這個就覺得好笑。紗希從未忘記那個自己蛻變的「決心日」。二〇一六年二月九日。當時紗希十四歲，就讀國中二年級。

那是個再尋常不過的夜晚。媽媽瑠美子往家中浴室走去的身影映入眼簾。

「來吧！就是現在！」開口說出我眞正想做的事。

紗希追隨媽媽一起踏進浴室。狹窄的浴缸，只容得下兩人面對面坐著泡澡，或許溢出了一些熱水也不一定。完全是一個隨處可見、家人和樂融融的平凡光景。

「雖然成爲小說家也很讚，但是，相較於寫作，我對表演更感興趣。」

紗希卯足全勁，首次和盤托出想成爲演員的夢想，以及自己最牽掛的事。

「可我覺得如果待在這裡（山形縣），能做的事有限……」

然而，若是我離家在外，媽媽他們老了以後，哥哥和妹妹怎麼辦？這是最讓她放心不下的事。

對紗希（中間）而言，陪伴哥哥佳汰（左）和妹妹亞美（右），是天經地義、再自然不過的事。「被誇很棒時，我總覺得奇怪。因為對我而言，照顧他們，感覺就跟共讀繪本的感覺沒兩樣。」（照片由本人提供）。

體察紗希心情的媽媽如此說道：

「不用在意他們兩個，想做的事就儘管放手去做沒關係。」

啊、原來沒關係呀。紗希如釋重負，緊張的心情也輕鬆了起來。

洗完澡後，她立刻把寫上「二月九日」日期的紙張，牢牢地貼在自己房間的牆壁上。「我得時時提醒自己，絕對不能忘記這個『決心日』。」自此之後，她養成了每年只要一買手帳，就立刻在二月九日的欄位，寫下「決心日」的習慣。

比自己年長兩歲的哥哥佳汰和小自己一歲的妹妹亞美，都是天生的罕見疾病患者，兩人罹患芳香族L-胺基酸類脫羧基攜缺乏症（Aromatic L-amino Acid Decarboxylase Deficiency, AADC），身體無法製造掌管運動神經的酵素。截至二〇一九年一月止，日本全國確診此疾病的患者僅八人。

有著手腳麻痺、智能障礙等近似腦性麻痺症狀的哥哥和妹妹，必須接受包括餵食、沐浴等在內的許多照護。由於父親在外工作，照護兩人的重擔，主要落在媽媽身上。

紗希依稀記得，自己從懂事以來就會幫忙推兩個手足的輪椅。雖然只是小學生，卻已經會幫忙換尿布、胃造口灌食。對她而言，這些都是理所當然、再自然不過的事。

但是，同樣的，她也是在唸小學時發現，自己一家人只要出門在外，就會遭受旁人投來異樣的眼光。

去購物中心時，曾有與紗希年紀相仿的小朋友，天眞無邪地指著哥哥和妹妹說：「他們坐的車子好酷喔！」結果小孩的媽媽卻斥責小孩不可以看。爲什麼我們會是「不可以看」的人呢？

和媽媽的朋友見面時，受關注的也總是哥哥和妹妹兩人。這些人常會問紗希「你們是什麼關係來著？」而紗希的任務就是回答「一個是我哥哥、一個是我妹妹，我排中間」。

她最討厭別人說她「眞是個乖巧懂事的孩子，會照顧哥哥和妹妹」。那感覺就像是自己只要會呼吸就能被稱讚似的。

過年時，大人給紗希的壓歲錢，也總是比哥哥和妹妹來得多。大人們大概是認爲，反正他們兩個坐輪椅，無法自行去買東西，所以就給身心健全的紗希多一些。碰到只有紗希收到壓歲錢的時候，紗希就會從紅包袋拿出壓歲錢，拜託媽媽分成三份。她就是個這樣的孩子。

媽媽瑠美子因爲也瞭解給壓歲錢的人的心情，所以總是會委婉地跟紗希說，那你就多拿一千日圓吧。雖然她生氣不依，最後卻也只能順從收下。

他們兩人只要一感冒就得住院，每當他們住院時，紗希就會被送到祖母家。印象中，曾有一次，她跟在祖母身邊，兩人一起在月台上送行，沒想到目送媽媽他們坐進新幹線時，竟然因爲太過落寞而不禁大哭了起來。

學校的老師和同學都知道紗希的家庭狀況。時而會問她「你哥哥和妹妹好嗎？」所幸學校也有其他身心障礙的學生，紗希也因而免於受到最討厭的「特別待遇」。

大概在紗希小學的時候，哥哥佳汰因氣管切開手術喪失了發聲功能。「哥哥再也不能發出聲音了」。紗希走出客廳後，忍不住一個人哭了起來，幸好哥哥雖然無法發聲，但因爲表情豐富，適應之後，很快就能理解哥哥在說什麼。

在紗希眼裡，哥哥是個「心地善良的傢伙」。每次看 NHK 的兒童節目「與媽媽一起」時，只要片尾曲響起，他就會感動莫名、哭了起來。人家說男兒有淚不輕彈，我家老哥卻淚腺發達、動不動就掉眼淚。

至於妹妹亞美，則是個撒嬌鬼。小時候總是「不要！不要！」地吵著不想上學，也常動不動就鬧脾氣，讓媽媽和紗希傷透腦筋。但是，紗希卻對妹妹疼愛有加。在家庭相簿裡，也貼有紗希用媽媽的化妝品在亞美臉上塗鴉、鬧著玩地讓亞美戴上太陽眼鏡的照片。

其實早在念國中時，紗希就已經「出道」躍登大銀幕了。那是一部名為「奇蹟小孩」的記錄片電影（二〇一七年發行、稻塚秀孝導演），導演花了十年的時間，追蹤拍攝紗希一家人，記錄佳汰和亞美接受最新基因療法的歷程。

這部作品在表揚傑出科學技術影片的「第五十九屆科學技術影片獎」中，一舉奪下最高獎項「內閣總理大臣獎」。也在二〇一八年「第九十二屆電影旬報年度十大佳片」中，擠進文化電影的第四名。電影中，年幼的紗希推著手足的輪椅。

影片尾聲，有個畫面是十五歲的紗希朗讀寫給手足的信。

「日本首度發現的殘障、沒有治療法的不治之症、患有如此罕見疾病的孩子在自己家人中就有兩個，這些事實，我想我應該是在小學低年級時，才終於有了切身的感受。也許在旁人看來，會認爲我擁有特別的手足。

然而，對我而言，他們兩人現在依然是再平凡不過、我最愛的哥哥和妹妹。頻繁住院的他們，因爲需要媽媽看顧，所以在我渴望媽媽陪伴、賴在她懷中撒嬌的時期，我並不能如願。我想爸媽一定也很不好受。在這樣的處境中，我永遠忘不了媽媽說過的話。她爲了『沒能把哥哥和亞美生成健康的孩子』而自責不已。我還記得，當我聽媽媽說哥哥要進行氣管切開手術，一輩子再也不能發出聲音時，想到以後再也聽不到哥哥的聲音，不禁悲從中來，還爲了不讓媽媽知道，躲起來大哭的事。

就在我們一家陷入愁雲慘霧時寄來的基因治療通知，是充滿希望的奇蹟的開始。永遠陪伴支持的父母、協助進行手術的醫師，衷心感謝你們每一個人。然後，最重要的莫過於，我想對哥哥和妹妹說『謝謝你們』。

哥哥、亞美，讓我們笑口常開、快樂度過每一天吧。真的、真的很謝謝你們。」

雖然紗希已經在國二的「決心日」，向母親坦承想成為演員的夢想，卻還是無法對其他人啓齒。一想到會被嗤之以鼻、訕笑「你這傢伙是在痴人說夢嗎？也不想想這什麼鄉下地方」，她就覺得害怕。畢竟如果班上同學突然說什麼想當演員演戲，她也會覺得是在異想天開。

為此，小時候曾說過想治好哥哥和妹妹的紗希，也就無法改變成為護理師或特別支援學校職員等表面上的志願。她能做的只有，上國語課朗讀一下教科書、參加國中辯論比賽時，刻意努力加把勁。當因為這些事受到稱讚時，她會感到格外高興。

日子就在不斷的掙扎和糾結中流逝，轉眼已升上國三。結果還是決定報考山形縣內的社福體系高中。也扼殺內心眞正的想法，開始進行面試的練習。

那是為了推薦甄試而請老師幫忙改作文時的事。紗希被老師叫到會議室。

「明明紗希必須透過作文自我標榜、行銷自己，但你卻讓人覺得像在躲避這麼做。字裡行間透露出的自我否定太強烈，文章非常沉重。」

紗希心知肚明，因爲那所高中並非自己最想唸的學校，所以寫出來的作文也有點虛假而被識破內心眞正的想法。畢竟是視我如親，總是設身處地、傾聽我說話的老師。紗希忍不住淚水盈眶。

「其實，我說謊了。」

她坐在會議室的角落，邊哭、邊吐露眞實的心聲。雖然老師安慰她「這沒什麼好隱瞞的呀」，但是事到如今，也沒勇氣改變升學方向了。

「你不是想當演員嗎？那就發揮演技，演出『被老師罵哭』的樣子，回教室去吧」。最後，老師戲謔地這麼說，送走眼睛哭得紅腫的紗希。

宣稱「要成爲照護員」並順利考上高中的紗希，參加了學校的戲劇社。她本來就愛看電視劇和電影、讀小說。也是因爲這樣，一開始才會對演故事的演員抱持興趣。

她並非對「爲手足而活的自己」這個一直以來的存在意義，有半點嫌惡厭倦。然而，愈是覺得那是個能無須頂著「照顧手足的乖孩子」光環而一決勝負的世界，她就愈是無法不去意識關注那個世界。正因為期盼人們可以針對自己本身這個獨立的個體進行評價，所以對鎂光燈也就更為嚮往憧憬。

另外，隨著照護課程愈上愈深入，她逐漸從中體會到一個現實，那就是照護員必須具備專業人員的眼光。

在此之前，紗希一直都是站在家人的角度，看待哥哥和妹妹的罕見疾病。並視為理所當然。但是，上課時，老師卻要求他們作為既非當事人亦非家人的第三者，用不帶感情的眼光，觀察照護對象的症狀。

紗希從小就推著手足的輪椅，來往於設施或醫院。想從事社福工作的契機，也是因為在那些地方看到的護理師或特別支援學校職員的身影。沒想到……

「難道哥哥和亞美也是被這樣看待的嗎？」

上課讓她愈來愈感痛苦。高二時，她已瞭然於心。

「正因為我是家人，所以才能照護哥哥和妹妹。」

身心開始出現異狀，是在紗希打算競選學生會長，且選舉海報也已製作完成的時候。當時，她已適應學校，也結交了好友，在社團活動中則分派到角色，準備在戲劇大會上登場表演。想做的事很多，但是周遭的人卻因爲擔心而幫她踩煞車。

狀況愈來愈惡化，早上醒來也無法起身下床。無法上學，經醫生診斷才知道是罹患憂鬱症。

她只好從二〇一八年十月開始，休學兩個月。但是身體狀況卻一直沒有復原。醫師也不解地說，按理講應該差不多要痊癒了呀。也許只要去學校就會有轉機吧，於是，寒假結束後就復學回學校上課。雖然持續上學一個禮拜左右，可心情非但不見好轉，反倒愈來愈消沉。

「該不會待在學校本身，對我就是一種負擔吧？」紗希於是決定退學。

一遞出退學申請後，卸下心理負擔的紗希，很快就恢復了健康。雖然對高中同學深感抱歉，但也覺得這才是眞正的自己。

紗希於是轉學改唸通信制高中。一方面持續協助兄妹兩人的胃造口灌食和餵食，一方面則把握這次機會，正式邁開腳步，追逐成爲演員的夢想。

這是紗希「第二次」痛下決心。

紗希後來曾和那位幫自己改作文的老師見面。

「當時，你就在硬撐了。」老師說，那時因爲紗希實在太頑固，堅持要成爲照護員，自己才不得不從背後推她一把。紗希這才明白，原來明眼人一眼就看出她是在硬撐、勉強自己。

在日本全國新冠疫情肆虐前的二〇二〇年三月九日，一個山形縣「手足兒會」（きょうだい児の会）的活動場合，採訪組首次訪談紗希。「手足兒」係指，家有罹病或身心障礙兒弟姐妹的孩童，一般認爲，這當中應有照護或照料手足的兒少照顧者。

支援身心障礙兒童發展的設施「學習之屋幼兒吉原」位於山形市，營運者是該會事務局的佐藤奈奈子。在學習之屋幼兒吉原裡，，紗希臉帶笑容地說明了「手足兒會」的情形：

「這個聚會並非手足齊聚一堂，互吐苦水，說『眞辛苦』之類的，而是聊『聽說《鬼滅之刃》漫畫很有趣』等不相干的事。」

當提及給人開朗印象的紗希難以啓齒說出想當演員的夢想之往事時，在場陪同的佐藤，語氣溫柔地這麼說道：

「長久以來，她一直看著父母任勞任怨、努力不懈的身影，所以就自認『一定得當個乖孩子才行』，因而似乎都在百般壓抑、委屈自己。打從小學生的時候，她就是個比誰都懂事、聰明伶俐的孩子。」佐藤說，有一次當她因爲哥哥和妹妹的事，打電話到紗希家時，當時才國一的紗希就老成地向她致謝，說「哥哥和妹妹常受您照顧了」。

紗希時而一邊笑，一邊聽著佐藤講話。佐藤從小就看著紗希長大，一路從旁支持佳汰和亞美兄妹，她說自己和紗希的關係，就像是「囉唆的阿姨」和外甥女。

「雖然她本人習以爲常，但是即便在專業人員看來，都會覺得她的兄妹照顧起來相當棘手費心。紗希這一路走來應是，雖經歷過許多不安的經驗，卻都能自行消化接受，並逐漸接納『就是這麼回事』。」

雖然或許她本人不喜歡旁人這麼看她，佐藤補充說道。

當記者問紗希對「兒少照顧者」一詞有什麼看法時，紗希坦白說出自己的困惑：

「我不認爲自己是照顧的一方，也一直覺得別人誇我很棒有點奇怪。對於被認知爲『進行照顧工作的孩子』，雖覺應是值得欣慰的事，但是對我來說，照顧哥哥和妹妹眞的是稀鬆平常的事。」

紗希說，對她而言，陪伴哥哥和妹妹，就跟兄妹一起讀繪本沒兩樣。

傍晚五點半一過，暮色就漸漸籠罩設施四周。紗希的媽媽瑠美子開著廂型車，前來接紗希回家。後座車門一打開，就看到坐在輪椅上的佳汰和亞美。記者一跟他們打招呼說「你們好」，佳汰和亞美即露出笑容回應。

紗希當時也在家鄉參加已故作家井上廈作品的朗讀表演。順道一提，井上廈也是山形縣人。

然而，受新冠肺炎疫情蔓延影響，原預定二〇二〇年六月舉行的朗讀劇公演被迫取消。據紗希表示，當時她就把自己的朗讀錄音，寄給了幾個藝能事務所。「雖然知道大概不會有回音，但還是想說，能做的就盡量做」。說完後，紗希露出開朗的笑容。此前的迷惘已煙消霧散、不見蹤跡了。

紗希雖曾一度隸屬藝能事務所，不過現在因爲想專注在戲劇表演領域，所以加入埼玉的劇團，投身表演活動。目前和哥哥、妹妹相隔兩地，一個人獨自在外生活。

紗希終於踏出腳步，朝著目標邁進，但是對手足的情感依然歷久彌新，並未因時光流逝而有所改變。

「雖然和哥哥妹妹在一起時，也常感到焦慮煩躁，但是一想像『沒有他們兩個』的情景，就會覺得那不是我的人生。如果他們和我有同樣的感受，覺得我對他們也是不可或缺，就是再好不過了。」

第三章

什麼？政府要進行全國性調查

神戸照顧殺人事件

兒少照顧者專題系列報導開始的半年前，二〇一九年十月九日的《每日新聞》神戶版，曾刊載一則篇幅極小的報導（嫌疑人、被害人在報導中皆使用本名）：

毛巾塞祖母嘴　以殺人未遂罪嫌逮捕孫　疑有犯罪嫌疑

須磨署於八日，基於企圖在照護時殺害祖母之事由，以殺人未遂罪嫌，緊急逮捕神户市須磨區的幼稚園老師A（二十一歲）。據悉，A對犯行坦承不諱，自述「因爲奶奶大吵大鬧，所以把濕毛巾塞進她嘴裡」。祖母雖經救護車緊急送醫，唯已確認死亡。須磨署改以殺人罪嫌進行搜查，並指稱，遭逮捕的嫌疑人於八日上午六時許，在同住的祖母（九十歲）嘴裡塞進毛巾，意圖將她殺害。須磨署表示，A嫌疑人係在用濕毛巾擦拭祖母身體之際，因祖母大吵大鬧，而將毛巾硬塞進她嘴裡。其後，A嫌疑人自行打電話向須磨署通報自首。

這個放在地方版一個小角落、標題只有一行的所謂「無關緊要的新聞」，僅受到淡化處理，提供給兵庫縣的讀者閱讀。既未成爲全國性新聞，也很快就受到大多數世人所遺忘。

二〇二〇年初，採訪組的向畑泰司隨意在記者用電腦上，輸入「照護」、「事件」等關鍵字進行搜尋後，找到這則網路新聞。向畑心想，時年二十一歲的A，莫非是從孩提時期就一直照護祖母的兒少照顧者（又，A爲女性）？專題系列報導開始未久的四月，即調回大阪總部社會部的向畑泰司，在離開東京前，對留在東京總部的採訪組成員田中裕之、特別報導部編輯松尾良兩人說：「等審判（刑事審判）日期確定後，我會立刻通知你們。」若由此點來看，向畑在這個時間點升任專責事件採訪、主跑大阪府警的副組長（日本報社的職級）一職，可說恰是時候，方便行事。

然而，審判卻一直未見開始。原因是，受新冠肺炎疫情擴大影響，不論是刑事案件或民事案件，各種審判皆相繼延期之故。

一直到又過了三個多月後的八月中旬，互通訊息的神戶支局才來通知說，神戶地方法院終於敲定導入裁判員裁判（日本裁判員制度於二〇〇九年實施，係人民以裁判員身份參加刑事裁判，與法官一起決定被告是否有罪及其刑度的制度。）的審理日期了。向畑立刻將該郵件轉寄給採訪組。若不去旁聽審判，就不會知道A是不是兒少照顧者。

「派個記者去神戶。」

雖然時值新冠疫情期間，二〇二〇年春季升任特別報導部長的前田幹夫仍當機立斷，做此決定。隸屬東京總部社會部期間，曾有主跑東京地檢署經驗的採訪組成員山田奈緒，遂被指派出差神戶，從九月九日開始到法庭旁聽審判。

雖不清楚是否有其他媒體，從兒少照顧者的角度關注此案，不過，所謂「照護殺人」已成為人盡皆知的社會問題，民眾的關心度也極高。山田不隸屬當地記者俱樂部，若無法搶到供一般民眾旁聽的席位，恐有無法進入法庭之虞。根據任職阪神支局時期的經驗，山田知道法庭並不大，故在首次審判的前一晚，打電話回東京告知為求謹慎，她明天會早一點去法院。

神戶地方法院是一棟風格雅致的紅磚建築物。當天的開庭地點是二〇一號法庭，表定開庭時間是十點，山田雖提前一個多小時抵達，然而，果不出所料，已有七位希望旁聽的民眾在現場排隊等候。最後，包括山田在內，隊伍人數共約二十位。

因應新冠病毒傳染問題，旁聽席的數量受到限縮，記者席之外的一般旁聽席僅有十二個位子。山田幸運排到座位，但也有人無法進入法庭旁聽。第一次審判的狀況被媒體披露後，隔天希望旁聽的人更多，排隊人數將近三十人。

進入法庭的A看起來比實際年齡小。身材嬌小纖細。穿著有領白襯衫和黑長褲，一頭黑色長髮綁成馬尾。

不過，在法官、裁判員和旁聽者面前，其說話方式字正腔圓、句句清晰。檢察官朗讀殺人罪的起訴內容。「無誤。」A用嘹亮的聲音回答。

檢察、辯護雙方都在「冒頭陳述」（開頭陳述）中，說明了A複雜的成長過程和獨自一人照顧祖母的來龍去脈。

自幼父母即離異的A歸母親撫養，但是，母親在A小學一年級時，即因腦出血撒手人寰。A先被送到育幼院，其後由父親那邊的祖父母接回撫養，度過三人一起生活的幼年時期。辯護方的說明中提及，祖母有脾氣暴躁的一面，有時會謾罵A或說她母親的不好：

「不知好歹的東西！也不想想是誰把你從育幼院接回來的！」

「你是你那個只會借錢度日、負債累累的媽生的！」

國中二年級時，A的精神狀況出問題。曾多次吞服大量安眠藥、被救護車送醫急救。醫生建議她最好不要再跟祖母同住，於是，她改而投靠父親的妹妹、也就是寄身在育兒中的姑姑家裡。寄人籬下的A選擇唸短期大學，並自二〇一九年四月開始到幼稚園上班工作。

那麼，何以會變成由A扛起照護工作呢？山田凝神傾聽「冒頭陳述」和其後的「證據調查」說明。

A離開祖父母家後，祖父在她高一時過世，當年謾罵A的祖母變成隻身獨居。就在A剛踏入社會時，祖母的失智症日益惡化，陷入無法單獨生活的狀態，從而產生必須有人與她同住、看顧她的需求。

祖母共有長子（A的伯父）、次子（A的父親）、長女（曾收留A一段時間的姑媽）等三名子女。他們雖都住在附近，但各有自己的生活。長子忙於公司經營，次子有手腳麻痺的慢性病，長女也忙著養兒育女。於是，身為孫女的

A就在就業未久的二〇一九年五月，再度和祖母同住，開始扛起照護工作。

聽到這裡，坐在旁聽席的山田突然意識到「A並非兒少照顧者」。正確來講應該是說，她和採訪組一直以來作爲兒少照顧者報導的孩童有所不同。

日本並沒有法令上的兒少照顧者定義。但是，採訪組卻依循「日本照顧者聯盟」的定義，多方報導兒少照顧者是「承擔家人照顧工作、未滿十八歲」的孩童。然而，A照護祖母的期間卻是，從她二十一歲的二〇一九年五月開始，直到她涉及犯行的十月上旬爲止，共約五個月。原以爲A會不會是從年幼時期就一直承擔照護工作，沒想到預期落空。第一次審判結束的當晚，接獲報告的松尾在電話彼端似乎顯得有些沮喪。山田告知「既然專程來神戶了，就再聽聽A本人的辯白」，於是，隔天開庭的第二次審判，她仍坐上旁聽席，在筆記本上振筆疾書。

辯護人　提到由誰同住照護時，沒提到由你父親、姑媽、伯父同住照護嗎？

A　應該是沒有。

辯護人　沒提到由姑媽、伯父、你父親三人輪流住（祖母家）嗎？

A　應該是沒有。

辯護人　你姑媽是怎麼說的？

A　姑媽對療養設施有點排斥，對我說了意思像是「不是理所當然該由A看護嗎」之類的話。

辯護人　有提到「因爲你受到（祖母）很多照顧」這樣的話嗎？

A　有。

辯護人　你爸爸是怎麼說的？

A　我記得他也是對我說了類似的話。

辯護人　決定由你一個人看護時，老實說，你有什麼感受？

A　我雖然不是很願意，不過也是覺得適合同住的人只有我。我無法拒絕爸爸或姑姑，跟他們說我不要。

A似乎從小就一直過著看大人臉色的生活。母親早逝、與父親疏離、與祖母的相處也稱不上太好，和姑姑之間似乎也有微妙的距離。A自己就作證說「我總是單方面戰戰兢兢、（對姑姑）敬而遠之」。雖然醫院建議把祖母送進療養設施，A的伯父、姑媽、爸爸卻選擇居家照護的道路。不過，他們並非親力親爲，自己前去同住、進行照護，而是將之委由A承擔。身爲小輩的A因爲立場上處於弱勢，加上過去祖母對自己有養育之恩，遂下定決心和祖母同住。

細聽兩人對話的山田，看出辯護方意圖讓法官和裁判員形成一種印象，認爲這是個「周遭硬把照護工作強加在立場弱勢的孫女身上」的故事。唯辯護方也不全然是穿鑿附會，這點由第一次審判時，檢方提出的A伯父的陳述書即可獲得印證。

「有關A搬回我母親（A的祖母）家的事，我們家族並沒有開會討論。我父親（A的祖父）生前對A疼愛有加，常說『這個家將來要給A』，或許因爲這樣，所以A覺得自己必須搬回去也不一定。我並不清楚照護的內容。事件發生的三個月前，我還在碰到A時跟她打了招呼，一切都跟平常一樣。A是個開朗貼心的孩子。她扛起了最辛苦的夜晚時段的照護工作。」

「我母親從以前個性就相當好強，應該是對A說了過份的話吧。」

「我雖認爲A大可不必殺了她，但是事情會演變至此，我們三個把母親的照顧工作全推給A的兄妹也難辭其咎。我實在很希望A能在事態發展成這麼嚴重之前，先找我們商量。我並不希望她受到重罰。」

經由審判，A的照護工作實極嚴酷之事實，也隨之清楚浮現。

祖母平日係白天前往日間照護中心，待A從工作的幼稚園下班回家後再照料她吃晚餐。有時A也需要幫祖母餵食。雖非每天，但也必須協助祖母沐浴。還得讓祖母服用安眠藥，在晚上九點左右讓她上床睡覺。

忙完這些事後，她才能開始準備隔天的工作，預備要帶小朋友一起做的勞作、練習鋼琴等。但是，A本身的時間很難不被打斷。祖母總是睡個幾小時後就會醒來，半夜大嚷大叫說「有小偷」、「有鬼」，這時A就必須安撫她。另外，祖母夜裡的如廁次數也相當頻繁，A必須幫她擦拭或清洗排泄弄髒的身體、打理乾淨。

祖母有徘徊症狀，A也曾陪著祖母半夜外出，漫無目的地散步一個小時左右。祖母不去日間照護中心的週六、週日，則必須全天候進行照護和看顧。A已經連日只能睡約莫兩個小時，祖母卻對盡心盡力的A口出惡言，說「你偷了我的錢吧」等傷人的話。另外，縱使A解釋說，因爲照護祖母、慢性睡眠不足，以致白天無精打采、精神恍惚，同事也不相信她的說詞，A也因而難以融入職場。她還是個初出茅廬的社會新鮮人，卻力圖同時兼顧尚未上手的工作和照護，因而身體出狀況，並在夏季左右，被診斷罹患「輕度憂鬱症」。

就在搬回與祖母同住約五個月的二〇一九年十月八日，A犯下犯行。A係讓祖母睡床上，自己在旁邊打地鋪睡覺。

清晨五點半時分，祖母把A叫醒，說自己汗流浹背。當A正用浸泡過熱水的溫毛巾擦拭她身體時，祖母突然破口大罵說：「因爲有你，我活著也無趣。」A道歉說對不起，試圖安撫她，祖母卻依然激動不已。

「我回嘴問她爲什麼這麼說？感覺自己好像遭到全盤否定。奶奶卻叫我們心自問。總之我只想讓她住嘴，所以就把毛巾塞進她嘴裡。」

A把祖母推倒在床，先將毛巾塞進她嘴裡，再用手蓋住她的口鼻。連續壓制數分鐘後，祖母即一動也不動了。

A雖企圖自盡，卻尋死未遂，早上七點左右，自行打一一〇報警自首。

「我把奶奶殺死了。」

第二天等候開庭的期間，山田曾和一起排隊希望入場旁聽的民眾閒話家常。其中，有在前一天旁聽第一次審判的民眾，全都一面倒地對A深表同情。

「好可憐」、「A的父親到底在幹嘛」、「親戚也很糟糕」。

山田當時即預測，一旦這個審判被媒體批露，應會引發跟他們看法相同、撻伐未能幫助A的家人或親戚之輿論。

山田和患有智能障礙、重聽、精神疾病的姐姐，同住在一個屋簷下，是採訪組裡面唯一一個，包括看顧工作在內，正照顧著家人的現任照顧者（家庭照護者）、原兒少照顧者。親身經歷照顧工作而對第一線的照護狀況知之甚詳的她，在採訪組中也受到格外重視。她曾從照顧者的角度，在原稿中直言不諱地道出一針見血的意見，也曾爲了身爲當事人的自己能否以第三者的記者身份，客觀冷靜參與這個專題系列報導而一度深感苦惱。

A犯下的是殺人罪行，在法治國家的日本，即便再怎麼情有可原，殺人依舊是重大犯罪。也並非只要對被告寄予同情，其罪責就會一筆勾消。

與此同時，山田也回想起當年自己前去諮詢家人照護事宜時，社福機構、衛生所、醫院的專家所說的那些「事不關己的風涼話」：

「你眞辛苦。不過，最辛苦的還是身心有障礙的你姐姐本人。」

「你們家人或許很辛苦，但是她本人好像過得很開心不是嗎？」

「歡迎隨時過來諮詢。」

所以呢？站在照顧方的家人就無所謂、不必被關照嗎？山田把這不堪的記憶揮出腦海。

A是否眞的孤立無援？是否有對周遭的人發出求救訊號？周遭的人做了什麼、沒做什麼？山田一邊思考這些問題，一邊入神地聽著審判。

雖然夜晚是由A一個人單獨照顧祖母，不過尿布等日常用品的採買、陪同就醫等白天的工作，則是姑媽在處理。平日早上送祖母到日間照顧中心、爲祖母和A準備晚餐後送到家中，也都是姑媽每天的例行公事。姑媽也曾在接到A來電後，火速趕來阻止祖母的徘徊行爲。而有慢性病的A父親，則負責傍晚到日間照顧中心接回祖母。

祖母必須定期回診，由醫師開立安眠藥處方。Ａ亦曾陪同祖母前往醫院看診，醫師知道Ａ在照護重度失智的祖母。另外，Ａ本身就醫的身心科診所醫師也知道照護的事。

檢察官　你跟診所的醫師具體而言都諮詢什麼？

Ａ　照護時奶奶不睡覺、奶奶對我說了尖酸刻薄的話、工作上碰到雖不到霸凌但被排擠的問題，等等。

檢察官　你有就工作或照護很辛苦等情事跟醫生商量嗎？

Ａ　有。

檢察官　醫師給你什麼建議？

Ａ　醫師說，工作的部分最好考慮留職停薪、離職或換工作比較好。至於照護的部分，應該是有安慰我說「眞辛苦」，不過並沒有進一步提到改善方法……

祖母被判定屬照護保險制度的「需照護等級四」。最重度是「需照護等級五」，為幾近重攤臥床的狀態。擬定照護計畫的照護事業所，也對她失智症不斷惡化、有徘徊症狀等狀況有所掌握。站上證人台的照護支援專員即作證指出，為了減輕家人的負擔，曾多次嘗試讓祖母入住短期設施接受短期照護，卻「無法順利適應」。祖母也曾因在設施大吵大鬧，嚷著「我要回家」，而被遣送回家。「想回家」是失智症的症狀之一。

平日白天使用的日間照顧中心人員，也都知道A的祖母在照護上的難度，以及A是主要照護者。A曾出席為擬定祖母的照護計畫而召開的「服務承辦人會議」。社福相關人員中，甚至有人對A被診斷為「輕度憂鬱症」知情。

另外，雖然含蓄，A也常隱約對職場、身心科診所、友人們發出求救訊號。也曾告訴姑媽自己「因為照護而睡眠不足」、在社群媒體平台上發文述說對姑媽的不滿。

法庭上的A就像潰堤般，對著辯護人娓娓道出當時的心境。

「醒著時，也不知是睡著還是醒著，從和祖母同住的第一天，就覺得照護遠比想像來得辛苦。雖然第二天就已經感到不行了，卻是（在那之後的）五月還是六月左右，才第一次開口跟姑姑說『我可能不行了』。

「當時我覺得既然自己答應要照護，就不該立刻洩氣叫苦。雖然我是希望把祖母送去設施，但是姑姑說『去設施會被綁起來（被束縛）』。爸爸也說了類似的話。沒人在意我的感覺，我也就覺得開不了口。」

「我曾打電話跟姑姑求救。也說過想跟奶奶一起回姑姑家。但姑姑說不行，因爲奶奶是失智症所以沒辦法。」

另一方面，出面作證的姑媽則說，把祖母和A接到育兒中的家裡住實有其困難，加上祖母「想回家」的症狀又極嚴重，所以更沒辦法。她也坦承自己對祖母入住設施持消極態度，但是有尋找接受失智症的團體家屋並申請入住，當時正在排候補，等有人取消即可遞補。雖然親人和A之間確實有認知上的落差，但應不能說親人都沒想設法減輕A的照護負擔。

另外，從「諮詢求援」的角度來看，A似乎並未把照護支援專員當成依靠的對象、尋求其幫忙。A在法庭上作證表示，平常都是由姑媽和照護支援專員溝通協調，所以覺得不好跳過姑姑，自己直接和照護支援專員接觸商量。

照護支援專員的證詞則如下：「我問A還好嗎，A就開朗地回說還好。臉上也掛著笑容。我告訴她有任何問題隨時直接和我聯絡。」

究竟是發出求救訊號的A力道太微弱？還是親人、社福、醫療相關人員接收求救訊號的能力太薄弱？還是兩者皆是？旁聽者的山田實難揣摩研判。

A或有可更積極查詢資料、採取行動尋求協助等努力的空間。唯無論是人生經驗或社會經驗都還相當欠缺的兒少照顧者，「覺得家就是全部、也沒有躲避逃離的發想」之案例，實屢見不鮮。

時年二十一歲的A法律上已非兒童，卻也只是個才剛成年不久的社會新鮮人。根據自己的親身經驗，山田認爲，社福、醫療端警覺求救訊號並接納的意願低落，以及缺乏橫向溝通連結的因應方式，也是事件發生的原因之一。

A的姑媽在淚水中作證說明事發當天的經過：

「早上，就在我跟平常一樣，做好晚餐準備送過去時，發現家門前變成禁止通行。說是『發生殺人事件』。

母親是個刀子嘴、豆腐心的人。我很懊悔自己沒能在她臨終前陪在她身邊。內心感到愧疚不已。雖然沒有跟Ａ說，但母親臨終的表情看似極痛苦。看到因為受司法解剖而身體遍體鱗傷地回到家中的母親……」

姑媽也這麼說道：

「Ａ念小學時，母親因為年事已高，所以多半無法參加她學校的活動。母親也曾拜託我說『Ａ這樣很可憐，你就代替我去參加一下吧』。」

Ａ的伯父則陳述說：「我雖曾看過母親嚴厲斥責Ａ，但是，整體來說也有溫柔慈愛的一面。當Ａ提到需要練鋼琴時，她除了幫Ａ買鋼琴之外，也負擔了所有的學費。」

在檢方問Ａ「跟祖母在一起都沒有快樂的事嗎」的時候Ａ回答：

「也有快樂的事。狀況好的時候就可以正常對話。還稱讚我（為幼稚園小朋友）做的作品很可愛……有快樂的事。」

Ａ聲音顫抖，伸手抹去臉上滑落的淚水。山田從旁聽席第一排的一邊，注視著那身影。

檢方雖主張「可認A具有強烈殺意。尚有其他得採行之方案。並非情非得已、不得不然而爲之犯行」，但亦衡酌遺族並無重罰意念，而求處以殺人事件而言堪稱從輕量刑的四年徒刑。辯護人則就A當時的責任能力主張「心神耗弱」，請求緩刑。

二〇二〇年九月十八日。歷經五天審理後，審判長做出判決，宣告對A處以三年有期徒刑、緩刑五年。此法院認定殺人罪卻又同時予以緩刑之舉，可說史無前例。

判決認爲，壓住祖母口鼻數分鐘的A的犯行，具有「強烈殺意」，但另一方面亦認爲有應酌量之情事。

「對於被告身心極度俱疲，無法壓抑激烈怒氣，衝動犯下犯行一事，尙難予以強烈苛責。（中略）若考量其與姑媽或被害人之關係、被告當時二十一歲尙缺乏社會經驗等情狀，要被告不惜違反姑媽意向，採行輕減照護負擔的對策，實際上有其困難。」

判決受到各媒體爭相報導。《每日新聞》神戶支局於判決一個月後出稿的詳盡報導，在躍登報紙版面前，即先行刊載於網路的「每日新聞數位」網站、雅虎新聞上。報導不僅鞭辟入裡，分析審判內容和事件構圖，對判決後努力朝重返社會目標邁進的Ａ的生活亦著墨甚深，堪稱嘔心瀝血之作。在該時期的網路新聞中，其點閱率常在報社內部名列前茅，廣受讀者閱讀之程度可見一斑。

山田本身最終則是將稿件擱置未出。原因在於採訪組判斷，如考量與歷來專題系列報導之間的整合性，則在照護時期已是成年人的Ａ，還是「非兒少照顧者」之故。

神戶支局的報導也有部分言及兒少照顧者問題。決定版面標題或配置的東京總部社「編輯編排總中心」（即所謂的「整理部」），曾就此探詢採訪組編輯松尾的意見，松尾當時建議說：「Ａ正確來講並非兒少照顧者。所以最好別拿此當標題。」

沒想到報導後，社群網站上以「Ａ是兒少照顧者」爲前提的評論，卻煙硝四起。換句話說，即便法律上是成年人，但是才剛成年未久的Ａ，對大多數讀者而言，仍是「年少者」。持此觀點的評論，數量之多，遠超出採訪組的預期。松尾在讀過這些評論後，對山田和田中述說反省之詞，表示「我們可能過度拘泥在未成年的定義上了」。

不論是兒少照顧者的孩童、二十至三十九歲年齡層的所謂「青年照顧者」，甚至「老老照護」，屬性上都是家人扛起照護。話雖如此，但若不管年齡層，而把觸角擴及到所有家庭照顧者族群，則光憑採訪組的人力陣容，實際上也不可能面面俱到。且議題如果擴散，專題系列報導原本的宗旨也恐有失焦模糊之虞。

有鑑於此，採訪組聚會討論，重新檢視、確認專題系列報導的目的。檢視後，採訪組認爲「身爲孩童的兒少照顧者是最未臻成熟的世代，承擔照顧工作對他們的學校教育或升學就業規劃等往後的人生，尤其有深刻的影響」。於是決定不改變方向，還是維持原先規劃的主題，持續報導。

但是，與此同時，此專題系列報導也萬萬不可造成錯誤訊息，讓民眾誤以爲「成人家庭照顧者不需要支援」。松尾對田中和山田兩人說：「可否挑個適當時機，寫個類似從零開始解說此事的相關報導呢？」

另一方面，誠如山田所預期的，各媒體爭相報導審判後，社群媒體平台上認爲「A太可憐」的同情聲浪大肆氾濫。以A的際遇、複雜的家庭關係、沉重的照護工作爲核心所構成的「照護殺人悲歌」報導，令讀者不禁爲A掬一把同情的眼淚。

且果眞也引發部分撻伐親人的言論。網路上的留言罵聲四起。

「眞正的犯人是硬把照護工作強加在A身上的親人！」

「公開臭親戚的住址！」

「姑媽和父親都是沒人性的畜生！」

然而，孩童承擔沉重照顧工作的問題，是否只要譴責被照顧者或身旁的家人、親戚，說「明明是血親卻袖手旁觀」，就可獲得解決呢？只怕事件還是依舊會爲世人所淡忘，並在某處再次重複上演同樣的悲劇吧。醫療、社福機構、政府單位究竟該如何介入、支援，並應深入到哪個程度呢？

「我曾每晚都想殺掉失智的母親」。

這封標題聳動的電子郵件，在A的審判即將開始前不久寄達採訪組。來信的女性自述現年二十七歲，曾在國中時期照護罹患早發性失智症的母親。

她在內容極長的郵件中寫道，那是一段每晚與母親互相叫罵、被母親毆打、筋疲力竭後直接倒頭睡覺的歲月。甚至也可認爲已超乎所謂「照顧家人」

的境地。

「那時，我眞心覺得，如果要一直承受這種痛苦，不如我先殺了母親再同歸於盡，這樣反而能一了百了、獲得解脫。但是卻做不到。光想就害怕，根本下不了手。」

這位自述目前在東京都內擔任照護社福員的女性，在信中寫道，自己在讀了採訪組迄今的報導後，一直想著能否爲兒少照顧者族群盡點心力，即便幫不上太大的忙，至少也希望能提供一些資訊。

結束審判旁聽，從神戶回到東京的山田，一直記掛著那封郵件，希望能和她碰面訪談。殺死親自照護的家人的Ａ，以及在壓力臨界點下勉強煞車、沒殺死母親的少女。她們兩人究竟有什麼差異，才會有如此迥然不同的結局？

全國性調查的前兆

另外，在Ａ的審判舉行前的二〇二〇年夏天，日本新冠疫情高峰再起，陷入第二波蔓延的局面。雖然事態並未發展到發佈緊急事態宣言的地步，各地仍紛紛開始推行人與人之間保持距離的「社交距離」、居家遠距工作等全新的生活模式。

八月下旬，採訪組記者田中，這天來到東京霞之關的中央合同廳舍五號館。該大樓內進駐了掌管兒少照顧者問題的主管機關「厚生勞動省」＊（以下簡稱「厚勞省」）。酷熱難耐的暑氣中，大樓前面的來往行人，萬般無奈地戴著悶熱的口罩。

田中與任職政治部時期曾採訪過的厚勞省幹部有見面之約。被帶到幹部的辦公室後，他即奉上特別報導部的名片。

「我現在負責兒少照顧者的報導。」

瀏覽田中遞上來的報導影本，幹部貌似倍感稀奇地「哦」了一聲。《每日新聞》在七月五日早報的社論中，擺開辯論架勢，主張此問題尚未廣爲人知。政府應盡快進行全國性調查，勿全權委由地方自治體處理。

「我們也有在看報紙，所以多少有意識到這個問題，可是，至少目前並沒有接獲提及『兒少照顧者問題處於這種狀況』的報告。」

幹部言語中未有太多熱忱。

田中遂改變話題，說明《每日新聞》以外的報導也有日漸增加之勢。不久前才播出的「日本電視台」旗下的公益節目「二十四小時電視」，即在「當紅藝人對募款活動之所思所見」單元中，介紹了兒少照顧者問題。幹部苦笑著說「我刻意不看二十四小時電視」，最後則表示要先拜讀研究一下。

步出幹部辦公室的田中，不禁嘆了一口氣。

田中接觸的省廳（相當於臺灣的部會）等政府的上層部門中，許多官員散發出來的氛圍係，不是不知道兒少照顧者問題，就是雖透過報導有所知悉，卻覺得事不關己。於是記者便不得不一五一十說明問題的所在。田中覺得，如果依這種態勢，那麼他們與其說是在採訪，不如說比較像是在推動支援所需的社

＊日本的兒童相關事務原分別由文部科學省、厚生勞動省、內閣府、警察廳等各部會掌管。例如：文部科學省主管教育相關業務、霸凌對策等。厚生勞動省主管兒少照顧者對策等。唯此所謂「縱向行政」體系向來被詬病缺乏橫向聯繫，無法有效解決兒童相關問題。有鑑於此，日本政府在二〇二三年四月一日設立「兒童家庭廳（こども家庭庁）」，整合厚生勞動省、內閣府等主責的事務。其中，兒少照顧者相關事務即由厚生勞動省轉由兒童家庭廳掌管。

會運動。

若是要推動官員有所作爲，就要先尋求議員的協助，這是他在政治部時期的常識。有鑑於此，他遂就兒少照顧者議題，前去找「自民黨照顧者議員聯盟」一探究竟。「國會議員連盟（議連）」係指，有志一同的國會議員就特定的社會問題研商的任意團體，有時也會跨黨派組成。「議連」的數目多如繁星，影響力則因參加的成員、人數、議題的重要性而迥然有別。有屢屢邀請學者專家或官員參加、舉辦讀書會，研擬建言，提供議員立法或政府參考之影響力強大的議連，也有類似沙龍般僅只是用來聯誼、增進國會議員感情的議連。

「照顧者議連」係支持家庭照顧者的團體「一般社團法人日本照顧者聯盟」的陳情窗口。擔任議連會長的眾院議員河村建夫（曾任麻生內閣的官房長官）是自民黨的重量級人物。由於他爲人溫和敦厚，常受託擔任協調整合的角色，據知，目前他接手會長職位的議連高達一百個左右。

二〇二〇年一月底，田中採訪的議連主要成員雖表示「對兒少照顧者抱持關心，希望能做點什麼」，卻未能勾勒具體展望。原定於國會常會六月結束前的會期中舉行的議連總會，也在新冠肺炎疫情影響下取消。

雖然如此，議連還是在六月二日，與「日本照顧者聯盟」一起向政府提出陳情書，請求政府在新冠疫情下緊急支援照顧家人的族群。陳情書亦將兒少照顧者支援納入其間，請求就其學業、生活困苦對策等予以「特別考量」。河村將陳情書遞交厚勞省首長加藤勝信後，即一如平常地以平淡的口吻向在場的媒體記者說明。

「也有一些案例是孫子在照料爺爺、奶奶（的生活起居），非常辛苦。由於相關理解和援助涉及學校，因此包括這些部分在內，我們都做了全盤的說明。加藤首長表示『政府會盡可能提供最大支援』。」

採訪過程中，河村也曾一度問身旁的「日本照顧者聯盟」代表人：「目前兒少照顧者說是有多少人來著？」此陳情相關報導，由田中負責執筆，發佈在《每日新聞》的新聞網站上。

誠如田中對厚勞省幹部所說明的，雖仍爲數尚少，但是除了《每日新聞》之外，討論兒少照顧者問題的大眾媒體也逐漸出現。只不過與其說是作爲新聞報導，不如說是網路媒體或電視、廣播電台在其談話性節目中介紹兒少照顧者的事例居多。

七月十六日，網路電視台 AbemaTV 即播放了一個名爲「『選了即使一邊照護父母也能上課的大學』　全國高達約四萬人的『兒少照顧者』實況是？」的特集。此「約四萬人」的數字，或許是引自《每日新聞》在三月報導的客製化統計結果——「十五至十九歲兒少照顧者推估達三萬七千一百人」。擔任節目來賓的當紅搞笑藝人團體 EXIT 的成員臨太朗曾有當過照護員的經驗，他提出見解表示：「我當時既有領薪水，又是外人，所以才有辦法（照護）。如果是自己的父母失智，不知道我有沒有辦法做同樣的事。」

在東京 MX 電視台的綜藝節目「田村淳問到飽」（田村淳の訊きたい放題，七月二十五日播出）中，目前爲自由播報員的町亞聖則述說了自己高三時候照護母親的親身經驗。並透露了一個小插曲，說當時有個擔心她們的熟人「阿姨」送來日式炸雞，讓她和弟弟、妹妹感動得一邊哭一邊吃。成蹊大學的澀谷智子也應邀演出，擔任解說員。

「文化放送」的廣播節目「大竹誠黃金收音機」（大竹まことゴールデンラジオ，八月十一日播出），則播報了《每日新聞》在節目播出當天早報上刊

登的獨家照護支援專員調查。節目主持人，同時也是知名藝人的大竹誠在節目中呼籲表示「不管中央或地方縣市，絕對都存在要妥善伸出援手的情況」。

「日本電視台」旗下的公益節目「二十四小時電視」（八月二十二日、二十三日播出）也介紹了兒少照顧者的問題。拜此民營主力電視台以地上波播出之賜，相關內容應有被廣大觀眾看在眼裡。NHK則在其晨間新聞節目「早安日本」（おはよう日本，九月十五日播出）中，製作了特集。

除此之外，亦引發意料之外的現象。就在「日本電視台」於八月十四日播出宮崎駿導演的動畫「龍貓」後，有關主角草壁皐月究竟是不是兒少照顧者的問題，竟在社群媒體平台上引起論戰。

據宮崎駿表示，一九八八年上映的「龍貓」，設定上係以尚未發明電視的一九五三年爲時代背景。內容則是搬到鄉下的少女皐月和年幼的妹妹小梅，與不可思議的生物「龍貓」交流的故事。劇中並有皐月代替住院的母親，準備家人三餐、忙著照料哭鬧的小梅等場景描寫。另一方面，社區守望相助的功能依然建在，兩姊妹於父親外出工作不在期間，也能受到附近鄰居溫暖的守護。

動畫播出後，推特上即出現關心皐月照顧家人的負擔等聲音，表示「有那樣的時代確爲事實，但不可用美化加以粉飾帶過，仍應正視問題、進行深究。」不過，也有意見認爲「如果從現代的觀點，就虛構作品中描繪的時代背景或登場人物扮演的角色加以詮釋，作品將變得索然無味。」憲法學者木村草太也發文「這是個與孩子一起觀賞『龍貓』後，思考兒少照顧者問題的夜晚」。採訪組也透過推特帳號，略參與了此話題。

「『龍貓』在電視播出後，似乎掀起了『主角皐月不正是兒少照顧者嗎』的話題。我們認爲，經由這部作品，可以確定一件事，那就是，站在家人之外、從旁守護兒少照顧者的存在（龍貓或鄰居奶奶等），乃是不可或缺的。」

政府進行全國性調查

採訪組一直在爲專題系列報導的後續報導傷神。爲此，田中乃在九月二十四日打電話找在大阪的前採訪組記者向畑商量。兩人雖也論及系列報導應持續到何時的問題，但都有志一同地認爲，再怎樣也應力求持續到二〇二一年春季，也就是從第一次報導開始滿一年。向畑給田中打氣，並說：「如果政府也能開始有所動作就好了。」

回到居家遠距上班的田中，於是打電話到厚勞省的「虐待防止對策推進室」。自上次採訪幫不太上忙的厚勞省幹部以來，也差不多快一個月了。打電話到「推進室」乃是，探詢政府動向、沒什麼指望的作業之一環。

這個厚勞省下面的部門，曾在其二〇一八年度及二〇一九年度的「調查研究計畫」中，對承辦兒童虐待等問題的「全國市區町村要保護兒童對策地域協議會（以下簡稱「要對協」）」，進行兒少照顧者的實況調查。然而，二〇一八年度的調查卻顯示，原就知悉兒少照顧者概念的「要對協」，僅全體的二七・六％。田中向接電話的「推進室」職員詢問，二〇二〇年度是否也會進行兒少照顧者調查。

「今年度也預定進行調查。」

職員簡短地回答。

「有鑑於以『要對協』爲對象的調查無法全面瞭解實況，因此今年度打算針對教育機關進行問卷調查等，期能更鉅細靡遺地掌握詳細實況。」

政府的調查中，尚未出現以教育機關爲調查對象的先例。田中抑制內心的興奮之情，不動聲色地追問，有預計要針對什麼樣的教育機關調查嗎？

「應會以國中、高中爲主。不過因爲也有意見認爲，不該再給忙於應付新冠疫情的教育機關增加更多負擔，因此，我們將會和文部科學省（以下簡稱「文科省」）討論，該請教育委員會還是學校作答。」

據其表示，調查範圍雖涵蓋所有都道府縣的教育機關，但是具體的調查範圍或內容，需費時約一個月才能敲定。另外，也必須決定實際調查工作要委由哪個業者進行。

田中立刻打電話跟編輯松尾報告此事。田中主張「萬一其他媒體知道了，我們會被捷足先登」，松尾則認爲「如果厚勞省和文科省沒大致協調好要調查哪裡、怎麼調查，報導會缺乏具體性」，而指示他持續追蹤。當時以重要新聞處理兒少照顧者的媒體不多，依然持續處在即便《每日新聞》以頭版頭條刊載，其他媒體也沒反應的「獨旅」狀態。所以松尾才會認爲其他媒體應不至於那麼熱衷採訪。既然如此，那就靜待能詳文報導的時機點到來吧。

一週後的十月一日，田中再次和「虐待防止對策推進室」的同一位職員通電話。該職員雖回覆尚無進展，但是對於其他媒體的動向則表示偶有媒體來電洽詢。田中也去電文科省。對方回覆說：「能以何種形式協助，尚待今後進一步討論，不過，對於調查的本身則正積極研議中。」

三天後的十月四日係星期日。傍晚六點左右，人在家裡的松尾手機突然響起。來電者是當天輪到擔任版面總編輯的「編輯編排局」次長齊藤信宏。

「《共同通信》報導說，厚勞省將進行全國兒少照顧者調查。」《每日新聞》亦有加盟《共同通信》，訂閱其電子報。松尾一邊心想完了，被擺了一道，一邊趕緊回說：「消息我們也有掌握，等下立刻交稿」。齊藤說：「這是我們《每日新聞》一直以來著力極深的議題，雖已到這時間了，還是會留頭版給你們。」

那時田中正在東京都內的飯店參加友人婚宴。當手機響起，看到畫面顯示松尾名字時，他靈光一閃地想說「莫非是……」聽了松尾的說明後，他急忙飛奔而出，跳上計程車趕回家。由於截稿時間已迫在眉睫，因此先由松尾根據採訪筆記，代替田中撰寫原稿。晚上九點過後，標題為「政府將以國高中生為對象進行首次實況調查」的報導，上線「每日新聞數位」網站，版面則擠進頭版的左上方。

翌日，一些地方性報紙分別在頭版或社會版，大幅刊登了《共同通信》的報導。雖然在版面上，《每日新聞》係同步刊載，卻差點就被搶先。其後，松尾向田中道歉說是自己誤判形勢。雖非與《每日新聞》直接競爭的其他全國性報紙，但已開始出現其他報紙將兒少照顧者的相關新聞刊在頭版。此事讓他們深自反省，自我檢討明明是採訪組爲了讓人們知道兒少照顧者的存在，而一路以來一直撰寫相關報導，自己卻未能意識到社會大眾終於開始關心此議題。

採訪組原就規劃相關報導主題，欲詳加探討全國性調查是否眞的有助釐清實況。如果全國性調查只是爲了讓政府製造一個「已調查」的藉口就無疾而終，調查將完全失去意義。

兒少照顧者的特徵之一是，無法對外開口說出困境，從而常陷入孤立無援狀態，而造成此狀況的原因則是來自於覺得「反正旁人不會瞭解」的放棄心態、「被人知道會很丟臉」的青春期的羞恥心等。其中，尤以照顧患有精神疾病家人的孩童與周遭「斷絕」的傾向最強烈。

另外，也有部分政府人士透露憂心之情，表示「對於兒少照顧者，學校究竟有多少掌握，實不得而知。小學的級任老師雖和學童相當親近，高中卻未必，有可能班級導師也不知道學生的家庭狀況」。

「就算跟老師商量也無濟於事」

住在橫濱市、年紀二十九歲的坂本拓，是一名原兒少照顧者，曾照料患有憂鬱症和恐慌症的母親。

坂本就讀國二的某天晚上，在自家客廳發現手腕鮮血直流的母親。一旁則掉落著一把菜刀。他這才意識到母親自己割傷自己。救護車在沒有鳴笛的情況下抵達住家，母親隨即在救護車內接受傷口處置，雖未送醫診治，但也沒有向坂本說明何以割腕。坂本就這樣開始了支持母親的生活。

在那之後，母親的再婚對象與她分居，比坂本年長四歲的姐姐也離家住到外面。坂本曾陪伴、安慰不斷說著「想死」、「沒錢」的母親直到深夜，鼓勵她「別擔心，我們一起加油」。母親在身心欠佳的日子煮的咖哩飯，味道異於

看著幼時的相簿，回顧當年照顧母親情景的原兒少照顧者坂本拓。

平常，難以下嚥。坂本代替母親，包辦煮飯、採購等家事的日子愈來愈多。他總是緊握陷入過度換氣狀態的母親的手，要她「看著我的眼睛！我們一起深呼吸」。這是當時還是少年的他自創、讓母親放鬆平靜的方法。

升上高中後，坂本用打工存的錢，買了一部摩托車。對他而言，最快樂的事莫過於和三五好友一起騎車出遊，暗自想著將來要成爲一名汽車或摩托車的維修員。約莫是在那個時候，他被告知了母親的病名。然而，即使查了資料，也還是不太瞭解那是什麼樣的精神疾病。高中畢業後，爲了支持母親，他決定放棄成爲維修員的夢想，改而就讀培養精神保健社福員的專門學校。

他不曾跟老師或朋友商量母親的事。「找他們商量，他們也無法理解」。他很清楚母親不想讓外人知道的心情，以及世人對精神疾病的偏見。他向學校同學謊稱「我媽精神奕奕地忙著工作」。國中時期，他甚至擔任田徑社的社長，佯裝平靜，班級導師雖與他和母親一起進行過三方會談，但也未察覺異狀。專門學校畢業後，坂本進入精神障礙者的社福機構工作。母親對坂本說希望他接下來能自由過自己的人生，而決定和他分居兩處。

「我覺得如果收集到的只有學校主管掌握的資訊，兒少照顧者的問題是無法浮上檯面的。」

坂本說出自己對政府全國性調查的疑慮。他覺得應該要訪談孩童本人。坂本目前是家有精神疾病父母者的自助團體 Kodomopeer（こどもぴあ）的代表，也有與相同境遇的年輕人接觸的經驗。他盼政府至少也應細問與孩童較親近的導師或養護教諭詳情。因爲確實有孩童願意對耐心關懷自己的老師敞開心房，說出父母的事。

「我一年大概會碰到十個感覺應是兒少照顧者的學生。」

在關西一所國高中六年一貫制明星學校，擔任養護教諭的女性如此說道。她說，自己因身份是所謂的保健室老師，故立場上熟知學生健康的狀態。而學生上學遲到、上課打瞌睡等，生活習慣脫序、身心狀態不佳等狀況，則是她「察覺」學生應是兒少照顧者的契機。

對於這樣的學生，她會在導師的協助下，提供其在保健室休息的時間、爲其酌量減少習題等。曾有學生因爲代替患有精神疾病的母親，照顧身心障礙的手足，以致陷入慢性睡眠不足。她便讓這個學生使用保健室的床鋪補眠。

不過，也有老師對包括學生的生活層面在內的支援，持消極態度。這位擔任養護教諭的女性即透露說：「對於介入學生的家庭事務感到害怕、不安。有種不知如何是好、一籌莫展的感覺。」

另一所學校的女養護教諭則指出，老師之間的認知落差，已成爲「支援的障礙」。她表示，現實狀況是，有老師會指正因照護祖母而遲到的學生，表示照護不能當作遲到的理由。這位養護教諭曾拜託學校邀請研究人員，對老師進行教育訓練。她說：「目前正從讓教師瞭解兒少照顧者社會問題、減少大人傷害孩子的發言等著手做起。」

學校雖可望成爲兒少照顧者族群少數的容身處之一，卻尚未建立起與社福單位聯繫整合等有組織的支援體制。與兒少照顧者相關的啓蒙宣導，也才剛起步。爲此，對孩童的求救訊號之因應或支援，往往都委由察覺異狀的老師各自判斷。

被視爲在教育與社福之間但任溝通管道而備受期待的學校社工師（School Social Worker, SSW），也有其糾葛。學校社工師的配置或人數，因地方自治體之不同而異。一位在東京都擔任學校社工師的女性即表示自己一個人要負責多所國小、國中。雖然很想早期發現、支援兒少照顧者，但是眞的不容易。她表示，學校往往要經過一些時間後，才會找社工師諮詢，而「在諮詢的時點，學校和家庭的關係早已陷入僵局，這樣的案例也屢見不鮮」。

此作爲全國性調查的課題、分析坂本和學校相關人員的期許、疑慮之報導，作爲特別企劃專欄的內容，刊登在《每日新聞》十一月四日早報第三版。

〈邁向首次全國性調查　如何掌握不發聲的孩童〉

報導也提及一位靜岡縣二十多歲女性的經驗談。這位女性從小學時期即和患有雙極性疾患（躁鬱症，bipolar disorder）的母親一起生活，她提到「即使想和朋友或老師商量，家人也要她封口『別告訴別人』」。另外，也報導了大阪齒科大學濱島淑惠等研究團隊所進行、顯示學校與孩童落差的調查結果。研究團隊於二〇一六年，針對大阪府十一所公立高中的一三八名教師進行調查，詢問在其擔任導師的班級中，覺得「有在照顧家人」的學生人數爲何。結果顯示，這樣的學生人數爲七十七人，佔全體的一・五％。然而，直接對十所學校五二四六名學生詢問後，結果卻顯示兒少照顧者有二七二人，佔全體的五・

二%。兩者之間的落差意味著，教師未掌握的兒少照顧者人數相當多。

過去的調查中，東京都世田谷區於二〇一四年所做的調查，被認爲是首次由地方自治體進行的兒少照顧者調查。該調查結果顯示，世田谷區的居家照護支援事業所中，有二二%回答「與有兒少照顧者的家庭訂有契約」。「日本照顧者聯盟」曾分別在二〇一五年以新潟縣南魚沼市、二〇一六年以神奈川縣藤澤市的教員爲對象，進行調查。然而，地方自治體或研究人員的調查，因爲不管是地區或對象都有其侷限，因此，焦急不耐之情高漲的相關人員，要求政府進行全國實況調查的聲浪也日漸高漲。

在十一月十七日的參議院文教科學委員會中，國民民主黨的伊藤孝惠參議院議員，即就政府的全國調查手法，向文科省首長萩生田光一提出質詢。伊藤係早在《每日新聞》進行一連串報導之前，即已向成蹊大學澀谷智子請益等，少數對兒少照顧者問題寄予關心的國會議員之一。

伊藤　這是十一月四日《每日新聞》的報導。這篇報導可說完全道出掌握實況的困難。聽說文科省下個月就要寄調查表到全國各校，而

主要兒少照顧者相關先行調查

時期	對象	調查地區 / 數量	結果		實施者
2014年	居家照護支援事業所	東京都世田谷區 164 個事業所	與家有兒少照顧者的家庭訂有契約	22%	世田谷區
15年	中小學教師	新潟縣南魚沼市 271 人	曾接觸感覺像兒少照顧者的兒童 / 學生	25.1%	日本照顧者聯盟
16年	中小學 / 特別支援學校教師	神奈川県縣藤澤市 1098 人	曾接觸感覺像兒少照顧者的兒童 / 學生	48.6%	日本照顧者聯盟
	高中教師	大阪府 138 人	覺得是在照顧家人的學生	1.5%	濱島淑惠 / 大阪牙大學助理教授等
	高中生	大阪府 5246 人	回答自己為兒少照顧者	5.2%	濱島助理教授等
18～19年	要保護兒童對策地域協議會	日本全國 849 個自治體	對兒少照顧者的概念無所認知	72.1%	厚生勞動省
	高中生	埼玉縣 3917 人	回答自己為兒少照顧者	5.3%	濱島助理教授等
20年	以總務省的「就業構造基本調查」為基礎之獨家統計（客製化統計）		照顧家人之 15 ～ 19 歲族群	全國推算 3萬7100 人	《每日新聞》
	照護支援專員	日本全國 1303 人	有承辦家有兒少照顧者家庭之經驗	16.5%	《每日新聞》網路無限公司
	高中二年級	埼玉縣約 5 萬 5000 人	預計 11 月公布（當時時間）		埼玉縣

萩生田　據我所知，你們目前的計畫是只有要透過各教育委員會，對學校進行訪談調查。但我認爲，至少也應考慮對導師、養護教諭，甚至必要時，也應在充分保護個資的情況下，對學童、學生進行調查才是，不知您覺得如何？

我個人也認爲只訪談學校將難以充分掌握狀況。關於這點，據我所知，厚勞省刻正朝著透過此次機會，經由學校直接對學生進行問卷調查的方向研議中，文科省這邊也會繼續和厚勞省合作，研擬可使兒少照顧者實況更明朗化的調查方法，像是把調查主旨或調查結果的運用方法詳盡傳達給學童知道等。

荻生田之所以會用「據我所知，厚勞省刻正研議中」這樣的「聽聞口吻」來回答質詢，應是基於各自爲政的「縱向」行政體系考量，表示文科省無法斷定全國性調查的主導者厚勞省的方針。不過，此「非但學校，亦要對學童本人進行訪談」之答辯，乃是政府實質上已改變方針之表明。《每日新聞》在隔天早報的第二版，報導了此答辯內容。

政府計畫投入全國性調查，這在釐清兒少照顧者的實況上堪稱是一大步。不過，調查結果需待數個月後的二〇二一年春季，才會彙整完成。而兒少照顧者的實況究竟能明朗化到哪個程度？結果出爐後，政府會有什麼動作？狀況仍不容樂觀。

沒有殺害母親的少女

我想殺了母親。

國一時被母親甩的那一巴掌，是一切的肇始。

小圓（化名）吃完最愛的冰淇淋後，隨手把一次性的免洗湯匙丟進垃圾桶。不過就這麼一個尋常的舉動，母親竟突然打了她一個耳光。

「啊？爲什麼？爲什麼？」小圓茫然地佇在原地，不了解自己爲什麼沒頭沒腦地被打。

母親四十四歲才生下小圓。父親在小圓十歲時病故，母女兩人相依爲命住在仙台市。熱愛社交的母親常邀請朋友到家裡作客，或教授陶藝、麵包烘焙。家裡總是人來人往、出入者眾。

母親的異狀並未僅止步於「冰淇淋事件」。

不知何故，每每小圓才曬好衣服，母親就一邊跟著把衣物一一收起。小圓心想「又還沒乾，到底在幹嘛」，便要母親別收。結果這次竟然連續飛來兩個巴掌。

母親似乎變得詞不達意，無法妥用言語表達想法。然後，對女兒施暴成爲日常。

有一天，母親突然大發雷霆，痛罵小圓說：「你根本不是人子，是惡魔的小孩！」小圓回嘴，吐槽她「我是媽媽你的小孩」後，即又被毆打。

有一天則是母親對小圓又踢又打後，突然瞠目結舌地問哭泣的小圓：「你怎麼了？」

小圓不甘示弱地進行反抗。就這樣開始了和母親互罵到深夜、被母親毆打的日子。當彼此筋疲力竭時，就會像電池沒電般倒頭就睡。同樣的戲碼日復一日，一再上演。

慢慢的，母親變得愈來愈沒辦法料理日常家務。當小圓看著燒焦的飯菜，問說「要吃這個？」就又會換來一頓毆打。

小圓開始幫忙洗衣、購物、準備餐點。印象中好像常常不是澆橙醋的烏龍麵，就是冷凍食品的焗烤飯。住外面的姐姐放心不下，常幫她做好菜餚備用。心存感激的她總是倍感珍惜地一次吃一點，慢慢享用。

因爲每天和母親爭吵到半夜，早上自然就爬不起來。上學遲到也變成家常便飯。

「只要來得及吃營養午餐就行啦。」

國中老師視她爲問題學生，常把她叫到辦公室說教。爲了想要透透氣、喘息一下，她總是邊聽音樂邊騎單車上學，沒想到音樂播放器卻被沒收。也常和同學吵架。現在回想起來，連自己都覺得，當時的自己眞是個渾身帶刺、討人厭的傢伙。

每次在學校挨罵時，總會有那麼一瞬間，想乾脆把所有事情和盤托出、一吐爲快，但最後總是放棄的念頭佔上風，覺得即使自己坦白說出實情，也沒什麼幫助。

老師來家庭訪問那天，家裡因爲煤油用罄，整個屋子冷颼颼。也許還因爲沒繳電費被斷了電。老師和母親之間的對話，當然也是雞同鴨講、不知所云。

在那之後，前來家訪的那位老師對她有變得和藹寬容一些。

老師原本大概抱著「去看看到底是什麼樣的家長，才教出這種不良少女」的心情登門拜訪，沒想到狀況卻出乎意料地悲慘，以致對她產生憐憫之情吧？小圓突然覺得被同情的感覺還不賴。然而，情況並未因此好轉，老師們依然不是「可以依靠的大人」。

按理說，半夜和媽媽爭吵的小圓高喊「救命」的慘叫聲，應該響遍住家四周，可是她卻不記得有任何鄰居曾出面協助。原本家裡賓客盈門的盛況也戛然而止。不管是傳閱板、丟垃圾後的打掃輪值等，小圓的家庭因爲再也無法妥爲遵守町內會的規定，以致變成了和社區脫節的邊緣家庭。

唯一的救贖是和小圓相差約二十歲的年長兄姐。哥哥和姐姐雖已各自離家獨立，但因覺得母親不對勁而帶她去醫院檢查。

年紀在五十歲後半的母親，被診斷罹患皮克氏病（Pick's disease，PiD。此爲當時的名稱，目前稱爲「額顳葉失智症」）。然而，即便有了病名，小圓的生活依然沒有任何改變。

小圓也無法跟朋友商量、傾吐。

沒有營養午餐的日子，打開母親做的便當蓋子，只見裡面塞滿了冷凍綜合蔬菜。她只得偷偷摸摸地吃著便當，以免被人看到。

母親只有白天到日間照顧中心接受照護。有一次，一個同學這樣問她：

「小圓的媽媽是去日間照顧中心嗎？」

那個同學表示自己的媽媽在那裡工作。

丟臉、丟臉、丟臉。想消失、想消失、想消失。

完全不想讓人知道「自己的母親不正常」，我明明就只想當個平凡的小孩啊！國中生小小的自尊心瞬間發出碎裂的聲音，瓦解崩潰。

不過，那個同學並沒有把這件事告訴別人，也沒有瞧不起小圓。

生活一成不變，放學回家就是只有母親和小圓兩人大眼瞪小眼。母親的暴力或謾罵從未間斷。每天都心力交瘁，被打趴到甚至搞不清楚現在看的是天花板還是地板的程度。

約莫那個時候吧，腦裡開始浮現分不清是妄想還是眞實的想法。母親橫死床上，站在一旁的自己渾身虛脫無力，這樣的意象佔據了小圓的腦海。

把她殺了，讓這一切結束吧。基於道義，當時她覺得自己也應該受到相應的懲罰。先殺母親，自己也自盡，就這樣讓一切「一了百了」吧。

上課時，她一直凝神思考殺死母親的方法。絞盡腦汁，苦思以前在電視新聞等報章媒體看到的知識：

①把她沉入浴缸。蓋住浴缸的蓋子。
②把母親的臉壓在枕頭上。
③打開瓦斯開關，同歸於盡。

在那個網路檢索還不那麼普及的年代，使用稱爲「加拉巴哥式手機」（日本獨有的傳統手機）的國中生，能想到的殺人方法，頂多也就是這樣。不過，她終究還是沒有實行。

她曾心血來潮地想說打電話去「兒童煩惱諮詢專線」看看。印象中，學校發的印刷品裡面好像有介紹這個專線。沒想到諮詢專線接受電話諮詢的時間，只限「平日上午九點到下午五點」。

她不禁怒火中燒、生氣不已。到底是誰會在那段時間起心動念殺人啦！想要殺人、想要輕生的時間都是半夜啦！

不過，就在她上高中之後，轉機終於來臨。小圓寄身姐姐家的日子愈來愈多。搬回老家的哥哥，一肩挑起照護母親的大部分工作。「○○女士（母親的名字），開飯囉」。小圓帶著不可思議的心情，眺望著用敬語和母親互動的哥哥。

那是高中上課時，描寫家人的某篇作文交卷時發生的事。國文老師問她是否可以談談，然後把她一個人叫到辦公室。瞭解小圓家裡的狀況後，老師臉色大變，立刻說道：

「今天學校放學後，一起去區域綜合（支援中心）。」

什麼是「區域綜合」啊？突然被這麼一說，根本摸不著頭緒。經過這位「有點熱血」的老師一番奔波協調後，終於敲定讓母親住院。小圓頓覺這位老師就像神人一樣。

即便已經二十七歲的現在，小圓依舊對母親懷抱錯綜複雜的感情。之所以會如此，乃是因爲病情惡化的母親把小圓忘得一乾二淨一事的緣故。

父親早逝、與手足年紀差距也大的小圓，成長過程中可說集母親的寵愛於一身。她曾是個會天眞問母親「手足中最疼誰？」的小孩。那是從前她自信十足、自認深爲母親所愛時的事。

上了高中，和母親聚少離多的時間增加後，不多久，母親便認不得小圓了。小圓因爲自己輕易被遺忘而深受打擊，甚至覺得連自己出生到人世這件事，都遭到了否定。

她絕不原諒母親。當時湧上心頭的感情，直到現在仍如影隨形、揮之不去。後來，母親雖在設施和醫院之間輾轉遷移，她也完全提不起勁去探望。那「最喜歡媽媽」的情感，一直到最後一刻都不復返。

二〇一九年十一月，母親離開人世。兩個同班同學的媽媽前來參加喪禮。雖然小圓並不知情，不過這兩位媽媽似乎也常去醫院探視母親。

「很多人都受過小圓的媽媽幫忙和照顧。這點絕對不要忘記喔。」這麼一說倒是讓小圓回想起母親生病前，家裡總是人來人往、賓客盈門的往事。聽到認識「開朗閃耀」時期母親的人，說出這樣的話，小圓覺得格外新鮮、響亮。

小圓大學主修社福相關科系。何以選擇這條路，連自己都無法清楚說明。畢業後，她先在照護老人保健設施歷練，其後到東京都內的團體家屋擔任主管。照護方與受照護方，身份轉變成客觀看待入住者家人的立場後，她曾回顧自己的過往。

失智的母親曾用藍莓果醬煮飯、幫小圓準備小得蓋不下的兒童用棉被。也許母親當時曾奮力掙扎著要當一名稱職的母親，而暴力、謾罵是因爲她苦於無法妥爲運用言語表達想法。

母親曾難過地說無法勝任兼職工作，也許那時失智症已經開始發病了。即便如此，爲了小圓，她還是想去工作。這種「現在回想起來，也許……」的狀況不計其數。

不管是刷牙的方法、腳踏車的騎法，甚至生存之道，教導自己的都是母親。小圓畢竟還是深愛著活潑大方的母親的。

爲了給入住的長輩們閱讀，小圓上班的團體家屋訂有幾份報紙。

二〇二〇年三月的某天，有位長輩正在翻閱《每日新聞》。小圓很少看報紙，沒想到那個標題卻偶然映入眼簾。

照護的孩童？兒少照顧者？

小圓不禁脫口說：「奶奶，等一下。那個報紙借我一下。」那是採訪組專題系列報導的第一篇文章。這、簡直就是我。「孩童承擔家人照顧工作並非應傳爲美談的佳話」──這個學者的見解讓她留下深刻的印象。

後來，只要發現兒少照顧者的報導，她就會剪報保存。再用螢光筆畫重點，仔細閱讀。也開始關注、閱讀網路上的新聞。半年後，她終於鼓起勇氣寫

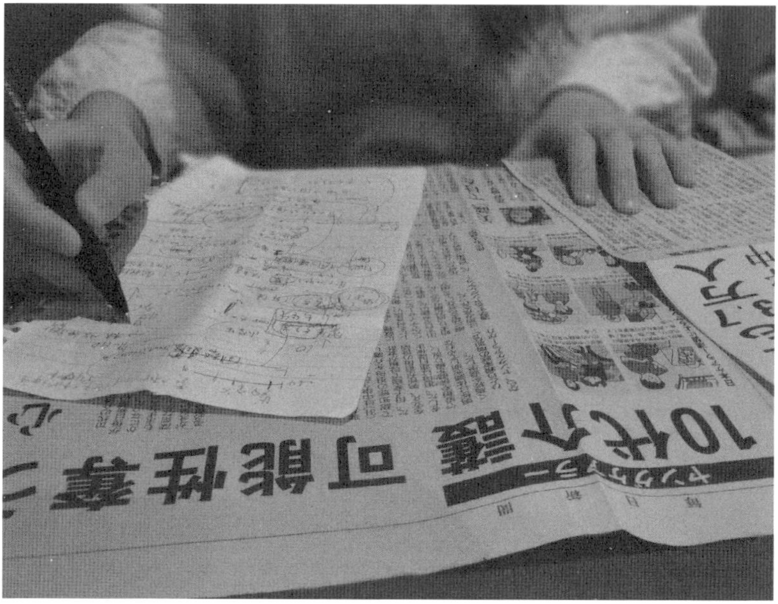

小圓帶著剪報、重新從姐姐那裡聽來的內容紀錄，前來接受採訪。

電子郵件給採訪組。

二〇二〇年十月中旬，在車站剪票口前初次見面的小圓，肩揹托特包、一身休閒裝扮。不知是否因爲緊張，表情有點僵硬，不過，說話方式平易近人，給人坦誠直率之感。他們後來決定到車站附近的親子餐廳進行訪談。

小圓從托特包中，拿出存放《每日新聞》剪報的透明文件夾。笑著說：「讀的時候，覺得這也太不妙了」。她並做出少有受訪者會做的動作，在桌上攤開筆記本，記錄訪談內容。字體工整又漂亮。

「我眞的每天、每晚，都想著要殺了母親」。因爲意猶未盡，所以約了另一天後，又再約了一天，共計約了三次，都是在同一家親子餐廳碰面。訪談時間長達十個小時。

第二次和小圓碰面，是在神戶市的A犯下照護殺人事件的報導上線後不久。她說，讀著這篇《每日新聞》神戶支局執筆的報導時，不禁把自己和被逼入絕境到對照護的家人萌生殺意的A重疊，喚醒了塵封已久的從前的自己。

國中時期的小圓，也沒有人可以商量。對她而言，姐姐在溝通聯繫的照護支援專員，就是個陌生的「大人」，每次碰面都覺得很緊張。她自問，如果A來找自己商量，自己應該可以給她一些建議吧？

「我覺得A應該是陷入完全看不見周遭的狀態。年紀太輕時，自己的世界很狹隘，會以爲那就是全部。」

「不可輕忽孩童對於知識的缺乏，他們是眞的徹頭徹尾地沒知識。所以沒辦法伸手跟外面的世界求援。」

小圓用獨特的措辭，滿腔熱血地表達自己的看法。

對於A的親人在社群媒體或網路新聞留言欄裡，被中傷批評一事，小圓甚感心痛。表示：「即便一起照護，也可能會一起累垮。單方面地譴責家人，事件是不會消失的。」

對於網路上那些痛罵應把A祖母關進設施的留言，她則是毫不掩飾憤怒之情。「當時A的奶奶不是說想待在家嗎？這樣的話，不管是家人或社福人員，都無法輕率、毫不猶豫地說要把她送進設施吧！」

自己也已成爲專業人員的小圓瞭解到照護工作不需要只由家人承擔。如何在取得平衡的前提下擬定照護計畫，應是社福單位要思考的工作。那些專業人員到底都在幹嘛？話聲甫落，她臉上即浮起惱火的表情。

「又慢了一步。」然後，她懊悔地說。從事社福工作的自己，不也是可以多盡點心力的嗎！她說，一再上演的照護殺人或虐待事件，在在讓她深感社福和醫療的力有未逮。習得社福相關知識後，有了在設施與長輩接觸的切身感受。第一線的照護現場充滿創意，不管是照護方或被照護方的臉上都能洋溢著笑容。

二十七歲的小圓慢慢能覺得，照護工作並非只有艱辛苦楚。

「我對當時未能理解母親深感後悔。還有，我希望能成為向國中時期的我伸出援手的人。」

你為什麼會打消殺害母親的念頭？

提出這個問題後，小圓拚命地尋找恰當的詞彙。

「或許是因為沒勇氣。因為當時我覺得若要殺人，自己也得同歸於盡才行。」「不，說是勇氣，又好像有點不一樣……」「也許是因為在身邊的資源上，我比神戶那位稍微幸運一些。」

離鄉背井，在高齡者團體家屋工作的小圓，偶爾也會在商店街購買裝飾設施的鮮花。

當時完全看不到未來。只能過一天算一天，竭盡全力地存活下去。神戶那位應該也是這樣吧？

「還在思考殺害方法的期間，大概下不了手。進行照護時，會有腦袋突然一片空白的瞬間喔。我覺得她應該是在那個時候下了殺手。我想當時如果有出現那一片空白的瞬間，我應該也已殺害母親了。」

不過，唯一值得慶幸的是，當時從不曾用暴力還擊母親的施暴。

現在才體會到，這讓自己勉強保住作爲一個有人性的人。小圓輕聲說道：

「我很感謝當時沒有殺害母親的自己。」

十一月的一個晴空萬里的日子，記者和小圓一起漫步在商店街上。就在行經一家花店前面時，小圓笑著，手指那家店說：

「我在這裡買了裝飾團體家屋的花，價格貴到不行。」

描述她半生經歷的文章與此時拍攝的照片，一起刊登在《每日新聞》上。照片之所以只拍背影，是因爲採訪組考量後，決定用化名報導之故。

雖然從這張照片看不到，但是小圓的表情既恬靜又開朗。

第四章

一班有一人

埼玉縣照顧者支援條例

二〇二〇年三月六日，在埼玉縣議會委員會中，有個條例案受到審議。

「爲免無償爲照護或看護者失去自我、孤立無援，提出本條例案。」

做此說明者乃提案人之一、自民黨籍的埼玉縣議會議員吉良英敏。吉良先舉出，埼玉縣是全國「後期高齡者」（指七十五歲以上的長者）人口增加速度最快的縣，他說明縣民家戶中小家庭比率高、需接受近乎醫療等級照顧的孩童或腦部有障礙者等事項後，接著再說明，家人的照護問題將成爲今後埼玉縣的重大課題。

吉良等有志一同的議員所提出的議案乃「埼玉縣照顧者支援條例」。所謂「照顧者」係指，對於因高齡、身心障礙、疾病而需協助之親人，「無償提供照護、看護、日常生活上的照料、其他援助」之族群。條例案在第一條中明訂，以「實現所有照顧者皆可營造健康且文化性生活之社會」爲目的，並記載將由社會整體共同支援的理念。另外並特別將未滿十八歲的照顧者，定義爲兒少照顧者，首開全國都道府縣之先河，明文規定予以支援。

非提案人之其他議員起而質詢。

「兒少照顧者應可更進一步細分定義，可否說明這部分的相關討論？」

吉良表示贊同，說「所言甚是」後，即繼續往下說明。

「例如，同為兒少照顧者，小學生和高中生的需求即不一樣。唯兒少照顧者非常多樣，難以在條例中將所有案例一網打盡、進行規範。應先進行實況調查後，再據此，就兒少照顧者的內容，進行多方面研商。」

條例案配合「兒童福祉法」關於兒童（孩童）的規定，將兒少照顧者的年齡訂為未滿十八歲，並特別訂定條文，於第三條中先指出未滿十八歲的兒少，正值「培育在社會自立更生的基礎、培養作為人的基本資質之重要時期」，再於此問題意識下，載明「為期能確保適切的教育機會，使其身心得以健全成長、發展、自立，應進行支援」。條例案成立後，將由縣府擬定照顧者支援計畫。而縣內的學校或教育委員會，將需確認兒少照顧者的教育狀況、健康狀態、生活環境，提供必要諮詢、轉介到支援機構等。同時也籲請縣民加深對照顧者的理解、予以關懷，以免其等陷入孤立。

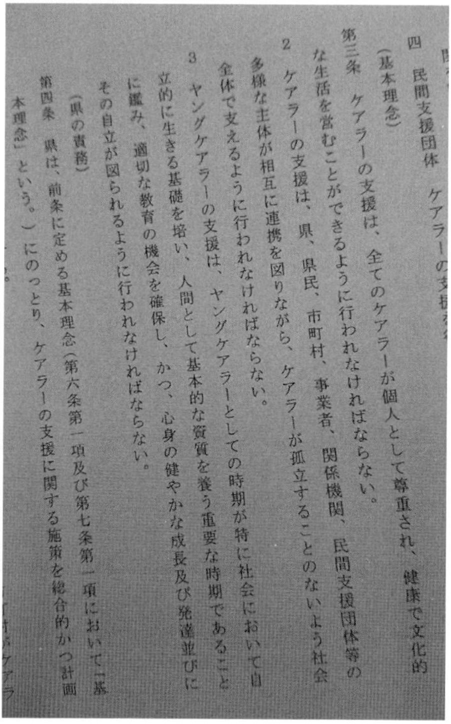

四　民間支援団体　ケアラーの支援を

（基本理念）

第三条　ケアラーの支援は、全てのケアラーが個人として尊重され、健康で文化的な生活を営むことができるように行われなければならない。

2　ケアラーの支援は、県、県民、市町村、事業者、関係機関、民間支援団体等の多様な主体が相互に連携を図りながら、ケアラーが孤立することのないよう社会全体で支えるように行われなければならない。

3　ヤングケアラーの支援は、ヤングケアラーとしての時期が特に社会において自立的に生きる基礎を培い、人間として基本的な資質を養う重要な時期であることに鑑み、適切な教育の機会を確保し、かつ、心身の健やかな成長及び発達並びにその自立が図られるように行われなければならない。

（県の責務）

第四条　県は、前条に定める基本理念（第六条第一項及び第七条第一項において「基本理念」という。）にのっとり、ケアラーの支援に関する施策を総合的かつ計画

埼玉縣照顧者支援條例。條例中明載，對所有照護照料家人的照顧者提供支援，及縣府的責任，並特別針對未滿十八歲的兒少照顧者訂定條文。局部翻譯如左：

第三條（基本理念）

（一）在照顧者的支援上，應使所有照顧者得受尊重為個體、營造健康且文化性之生活。

（二）在照顧者的支援上，應由縣府、縣民、市町村、企業、相關機構、民間支持團體等多樣化主體相互串聯，由社會整體共同提供支持，以免照顧者陷於孤立。

（三）在兒少照顧者的支援上，有鑑於作為兒少照顧者之時期，尤其是培育在社會上自立生存之基礎、培養作為人之基本資質的重要時期，故應確保適切的教育機會，且應力求使其身心得以健全成長、發展暨自立。

「這個條例至關重要。希望能成爲全國的範例。」

「必須掌握縣內的實況。亦可由縣立高中進行兒少照顧者的調查。」

出席委員會的議員，不分黨派，一致對條例案表達贊成的意向。

若是平時的話，吉良理應站在質詢的一方，而此次之所以非由縣府當局，而是由他在縣議會擔任答辯者，乃是因爲此條例案係議員提案之故。

所謂「條例」，本是根據日本憲法第九十四條等相關規定，地方自治體經議會議決後，制訂之亦可稱爲「與生活息息相關的規則」。「條例」當然不能超越法律、政令等法令，但亦可對自治體和居民課以義務和罰則。埼玉縣照顧者支援條例案係所謂的「理念條例」，其以支援含兒少照顧者在內的照顧者族群爲理念，要求縣府等相關單位具體執行，但是僅有努力的義務，即便違反亦無罰則。

地方議員提出條例案之情形實屬罕見。一般而言，地方自治體議會的運作乃是，執政的黨派和首長們會先在水面下協商，事先讓自己的意見反映在自治體制定的條例和政策上。根據「全國都道府縣議會議長會」的調查顯示，二〇二〇年，在四十七個都道府縣成立的條例中，由都道府縣當局向議會提出之「知事提案」（知事相當於臺灣的縣市長）約二千六百件，相對於此，議員提案不過八十九件。另外，若是議員提案，將不是由地方政府當局，而是由提案的議員本人（以照顧者支援條例而言，提案議員即吉良等人）在議會接受其他議員質詢，進行答辯，「拜託」議員們通過和成立。

那麼，何以埼玉縣議會議員會提出全國第一個條例案呢？

相關契機肇始於，家庭照顧者支持團體「一般社團法人日本照顧者聯盟」向國會議員訴請法規化之舉。二〇一〇年成立的照顧者聯盟，雖向國會的「自民黨照顧者議連」訴請制訂「照顧者支援法」，卻未逢其時，遲遲未有動靜。議連的秘書長係埼玉縣選出的眾院議員野中厚。在野中居間協調下，自民黨埼玉縣議會黨團決定研議條例化事宜。想來他們的發想應是「既然立法不易，就先從地方自治體的條例著手」。於是，縣議會黨團乃在二〇一九年六月，設置推動條例制訂的專案小組。

而擔任專案小組秘書長者，即連任第二屆縣議會議員的青年才俊吉良。出生於眞言宗寺院、擁有僧侶資格的吉良，亦曾在政界的重量級人物小澤一郎身邊擔任秘書約十年。專案小組除多次訪談照顧者聯盟、研究人員等之外，亦與縣府協商調整，敲定條例內容。

另外，自民黨縣議會議員黨團接下條例制訂工作的背景，也和埼玉縣特有的政治生態有關。在埼玉縣議會掌握多數席次的自民黨，繼前任知事上田清司之後，也持續和二〇一九年打敗自民黨候選人當選的知事大野元裕保持距離。因此，藉由積極的議員提案，力圖和知事方進行差異化，以作爲政績向縣民宣傳之狀況，實屢見不鮮。

《每日新聞》採訪組亦對其相關動向有所掌握。

二〇一九年十二月七日，「日本照顧者聯盟」在東京都文京區的大樓舉辦「照顧者支援論壇」，邀請吉良等人登台演講。會場中，除有多位關心照顧者支援議題的地方議員到場參加外，亦可見原兒少照顧者的身影。採訪組則有向畑泰司和田中裕之參加。來自岡山縣、時年三十六歲的女性護理師，曾有支持思覺失調症母親的經驗，她的名片上印著「讓兒少照顧者的體驗成爲有意義的事」。在這個時點，縣議會議員黨團雖已擬好照顧者支援條例的架構案，但尚未納入兒少照顧者的項目。

「請投入兒少照顧者的支援。」

會場掀起訴求聲浪，對在演講中介紹架構案的吉良如此呼籲。

而在接受向畑採訪時，吉良明白表示「務必希望能〈將兒少照顧者支援〉納入條例案中。」

如今，條例案已獲得縣議會委員會表決通過，成立在望。採訪組乃掌握此時機點，以〈照護的孩子、全國首例支援條例　埼玉縣投入制訂〉爲標題，做了報導（三月二十六日早報）。就在其四天前，採訪組那立基於總務省調查的獨家統計，才作爲兒少照顧者專題系列報導的第一篇文章躍登版面，爲此，採訪組乃在編集局內訴請，莫將此條例制訂相關報導，作爲埼玉縣限定的地方新聞。「邁向條例制訂」的報導，最後作爲全國性新聞，刊登在東京總部版的第六版上。

文章中，籲請將支援法規化的「日本照顧者聯盟」代表理事、日本女子大學名譽教授堀越榮子，滿懷對未來的期許，提出以下見解：

「在視家人承擔照護爲理所當然的日本社會，以全體照顧者族群爲支援對象的條例案，可謂具有劃時代意義。其中尤以載明學校扮演的角色一點格外重大，因爲兒少照顧者早期發現極爲重要，而孩童待在學校的時間又極長。從孩童到年長者，所有年齡層皆不得不參與照護之狀況，乃全國共通的現象，盼政府亦能著手立法，進行支援的法規化。」

「埼玉縣照顧者支援條例」在三月二十七日召開的縣議會本會議中，獲得全體一致表決通過後成立。採訪組隨即出稿刊登在隔天三月二十八日早報的文章。文章中，除詳細報導條例內容外，亦報導了埼玉縣計畫調查兒少照顧者實況一事。

〈掌握實況、投入教育支援　埼玉、全國首例條例成立〉

在這篇報導中爲了和持續抱持觀望態度的日本政府對比，介紹了國外的兒少照顧者相關法律制度和支援方案。

英國爲兒少照顧者支援領域的先進國家，其在二〇一四年施行的「兒童與家族相關法律」中，將兒少照顧者定義爲「爲他人提供照顧之未滿十八歲者」

等。英國以十八歲爲成年的年齡（日本亦已修改民法，於二〇二二年正式將成年年齡由二十歲變更爲十八歲）。英國的這個法律，除規定地方自治體有掌握實況的義務之外，並認可，即便孩童或家長未提出申請，只要地方自治體研判「必要」者，即可評估應提供何種支援服務以減輕其負擔。

一般認爲，兒少照顧者開始在英國受到矚目，係在政府爲重建社會保障制度、推動居家社福之一九八〇年代。一九八八年桑威爾市的教職員於二十五所中學進行調查，發現了九十五名兒少照顧者。其後，英國政府在一九九六年實施首次官方調查，推算出英國國內有一萬九千至五萬一千名。另外，有報告指出，根據二〇一一年人口普查的結果發現，光是英格蘭即存在十六萬六千三百六十三名兒少照顧者。

自二〇〇〇年開始，其每年都會舉辦一次「兒少照顧者節」，讓全英國中學生以上的當事人共聚一堂。此活動係在廣大空地上搭帳棚露營，參加者可從事各種休閒娛樂，並分享彼此的體驗、談論自己的期望。據稱，近年約有一千五百人參加，收集到的意見將會由英國政府或醫療服務相關人員反映在支援政策上。

二〇二〇年一月二十五日，由成蹊大學澀谷智子主導的讀書會，在東京都內召開。出席的英國支持團體負責人海倫．利德比特在席間如此說道。

「在兒少照顧者節中，我們問兒少照顧者們都以什麼為優先？什麼會減輕負擔，讓生活變得輕鬆？我們得到的答案則各式各樣，有的回答對家人身心障礙或照顧者的理解，有的回答資金提供、讓自己可以喘息的幫忙，等等。最重要的是，傾聽兒少照顧者的心聲。每個人需要的支援各不相同。」

研究人員先前的調查

另一方面，早在埼玉縣、政府，及採訪組的系列報導之前，已有部分研究人員投入兒少照顧者的實況調查。此即，前一章也有介紹的大阪齒科大學濱島淑惠研究團隊。雖說調查範圍有其極限，但是在多數民眾尚對兒少照顧者一無所知的情況下，其仍不失為貴重的先前調查。

時間回溯到二〇一六年。當時，研究團隊以大阪府十所公立高中的學生為對象，透過學校，進行實況調查，並獲得五二四六人作答。根據作答結果得知，共有二七二人（五．二％），也就是相當於「大約每二十人有一人」是兒少照顧者。《每日新聞》由大阪總部在二〇一八年一月十八日的晚報，以頭版頭條報導了此調查結果。一般認爲，此調查係首度以就讀高中之少年當事人本人爲對象，進行之大規模問卷調查。

濱島接著在全國尋找願意協助下一個調查的高中。在一個偶然的機會下，經由朋友介紹，她認識了對調查表示理解的人，此即埼玉縣的高中相關人員。當時共有十一所埼玉縣內的公立高中，對濱島提出的請求允諾協助，並在二〇一八年十一月至二〇一九年三月間，進行了調查。其後，成立採訪組的向畑和田中與濱島相識，並決定靜候調查結果出爐。

埼玉縣和大阪府一樣，都會區多，家庭型態也不斷走向小家庭化。照顧家人的孩童可能也是處於孤立狀態、生活出現困難。

「如果兩個地區出現雷同的結果，這對日本國內的兒少照顧者問題，將會是重要的指標」。這個觀點是採訪組成員之間的共識。

濱島團隊完成統計、分析的調查結果，終於在二〇二〇年五月，以電子郵件寄到田中的信箱。

根據其結果顯示，於十一所公立高中獲得的有效回答共三九一七人，其中，有五四一人（一三．八%）回答「家中有需要照護、協助、精神支持的家人」。而這當中，有二四一人（佔整體的六．二%）回答「自己在照顧」。

唯這二四一人中，有三十五人家裡並無身心障礙或生病的家人，僅係因「家有年幼手足」而承擔照顧工作。濱島當然也瞭解，照顧弟妹的高中生中，存在因而產生沉重負擔的案例。然而，考量在不清楚個別學生家庭狀況下，實難僅憑調查結果，即判別其是否為兒少照顧者，只好忍痛將這三十五人排除在統計之外（大阪的調查亦採相同方法）。在扣除三十五人後，埼玉縣的調查共有二〇六人（五．三%）被研判為兒少照顧者。

這二〇六人進行照顧的頻率，以「每天」居首，共六十六人；「一週四、五天」四十二人、「一週二、三天」也有三十四人。上學日的照顧時間，以「未滿一小時」居首，共八十六人，但是，一般認為會對兼顧學業和照顧兩者造成沉重負擔的「兩小時以上」，也有四十九人。放假日的照顧時間則是，「四小時以上」為五十二人、「兩小時以上」為七十九人。

照顧的對象家人（複選）則依序為祖母九十三人、母親四十九人、祖父四十三人。在家人的狀態上，則以身體障礙或身體機能下降、生病、失智症、精神疾病最爲顯著。照顧的具體內容（複選）則分別是，備餐或購物等家事九十五人、情感面的支持八十五人、搬運重物等勞力工作七十八人、外出時的協助和陪伴六十一人。

對「照顧期間」之提問有作答的一七七人之中間値（所有回答者正中間的數値），爲「三年十一個月」，亦即，有超過半數的人，係從中學以前就開始承擔照顧工作。也有學生回答「十六年」，也就是說，從自己出生後就一直進行照顧工作。

濱島透過電話，就調查結果提出以下見解：

「埼玉縣的高中生兒少照顧者爲五・三％，這個比率和二〇一六年大阪的調查結果（五・二％）極其類似。顯見在國內的高中生中，確實存在相當數量的兒少照顧者。唯調查對象不過是一部份高中，有其極限。如果照顧對象是酒精中毒症、嗜賭症，或是障礙、疾病名稱不明的症狀，高中生往往不會作答。因此想必應有許多我們未能掌握的兒少照顧者。此次並未能針對沒上學的學生進行調查。而據高中老師表示：負荷眞的很沉重的孩童，根本一開始就不會升學念高中，我們認爲現實中的兒少照顧者應該更多。」

採訪組係在發佈第一次新冠疫情緊急事態宣言期間，收到調查結果。爲免報導被埋沒在新冠疫情相關新聞中，決定先暫時觀望，等候刊登時機。

緊急事態宣言解除後，採訪組自行實施的照護支援專員調查，於八月刊登在報紙版面。接著，與濱島團隊調查相關的報導，也終於刊登在九月二十八日的早報上。

〈五%的高中生須照顧家人　「每天」「一天四小時」亦爲數不少〉

當天《每日新聞》大阪總部版，以頭版頭條刊載此標題和報導內容。換句話說就是，把大阪齒科大學濱島的調查作爲「在地題材」處理、大肆報導。另外，管區涵蓋埼玉縣的東京總部，也在頭版下了〈高中生每二十人有一人「照護家人」〉之標題。

「每二十人有一人」意味著，高中一個班級存在一位或兩位兒少照顧者。

推特上一片譁然，充滿了「沒想到事態這麼嚴重」的驚訝聲。

埼玉縣投入五萬人以上的調查

率先全國，正式實施首個照顧者支援條例後，埼玉縣成立了專家委員會。並在二〇二〇年六月八日於線上召開第一次會議，選出國際醫療福祉大學大學院教授石山麗子擔任委員長。成蹊大的澀谷、日本照顧者聯盟的堀越等人，也都加入擔任委員。

採訪組記者田中此刻正在縣廳旁聽會議，旁聽席上並未看到其他記者。

「請看這個。」坐在田中後面座位的埼玉縣議員吉良出聲叫他。吉良手指的會議資料上，寫著埼玉縣兒少照顧者實況調查的概要：

（一）調查對象　縣內高二學生　約五萬五千人（目標回收率八〇%）

（二）調查方法　寄送調查表到縣內各高中，透過學校請學生作答。再由學校回收學生作答的調查表後，郵寄回縣府。

※縣立高中一三九校、市立高中五校、私立高中四十八校、國立高中一校

此係以埼玉縣內所有高二學生爲調查對象的計畫。不只是公部門首次投入當事人的調查，且調查對象高達五萬五千人左右。相較濱島團隊抽取縣內十一所學校的調查，此人數規模可說大幅凌駕其上。田中不禁脫口說「太強了」，吉良也滿面笑容地對他豎起大拇指。

至於調查對象之所以侷限在高二學生，乃係考量學生狀況後做出的決定。高一新生因爲剛入學不久，加上又有新冠疫情影響，尚未完全適應高中生活。高三生則即將迎來大學聯考，大部分學生都很忙。經過考量後，埼玉縣研判最適合接受問卷調查者應是高二學生。

問卷調查預計要以高二學生爲對象，採選擇題方式，提問身邊家人的照顧狀況、對自己生活的影響等，並請他們自由記述苦惱和期望。會議席間，澀谷發言詢問：「可否由對實況調查抱持關心的委員編擬提問項目等？」經過一番討論後，決定由縣府和專家委員共同合作，編擬方便高中生作答的調查表。

埼玉縣這個針對所有高二學生進行的調查，在約莫一個月後，於七月二十一日至九月十一日期間實施。縣府將紙本的問卷調查表郵寄到各高中，並委請學校直接向學生收回問卷。

問卷設計以大多數學生並不熟悉兒少照顧者一詞為前提，特意講求「簡單易懂」原則。

「所謂兒少照顧者係指，日常性進行原本被認為應由成人承擔之家事或家人照料等工作之未滿十八歲的少年。」

寄送到各校的調查表，在第一頁的「懇請協助調查」中，先做了這樣的解說。並附上「日本照顧者聯盟」繪製之十種兒少照顧者類型的插圖。

另外，為了加深學生和各校老師的理解，問卷更以淺顯易懂的文字說明調查宗旨。

「雖然兒少照顧者當事人有各種負擔，卻難謂為社會所充分理解，其中，背負著苦惱、生活陷入困境的當事人也不在少數。有鑑於此，縣府決定研擬支援照顧者、兒少照顧者族群所需的計畫（埼玉縣照顧者支援計畫）。計畫裡面將制訂縣府和縣民今後努力的事項。為此，我們希望盡可能將大家寶貴的意見反映在其中，故而決定以縣內的高二學生爲對象，實施實況調查。懇請務必協助調查。」

縣府也曾一度考慮採取方便統計、上網塡問卷的網路調查方式。然而，縣府區域統整照顧課表示：「可以想見的是，必然有些學生沒有智慧型手機，或是不具備可使用網路的環境。因此我們研判，唯有使用紙本問卷，才能達到調查對象涵蓋所有學生的目標。」

據稱，主管兒少照顧者問題的厚勞省某職員，在就讀埼玉縣內高中的女兒告知「爸爸，兒少照顧者的問卷調查來了」後，吃驚地表示「好先進哪」。

歷經兩個月以上的統計和分析作業後，埼玉縣於十一月二十五日公布了調查結果。

縣內一九三所高中的所有二年級學生（五萬五七七二人）中，實際作答人數爲四萬八二六一人。回收率高達八六・五％。一般認爲，此高回收率應是，拜透過學生就讀的學校分發和回收問卷所賜。

經詢問學生「認爲本身是兒少照顧者、或過去曾是兒少照顧者」後，回答「是」的學生爲二五七七人（五・三％）。不過，其中有六〇八人，家中並無身心障礙或生病的家人，僅是因照顧的對象家人「年幼」之理由而回答「是」。縣府基於與大阪齒科大學濱島實施的調查相同之理由，將該六〇八人除外，判定剩餘的一九六九人（四・一％）爲兒少照顧者。

一九六九人的性別（未作答者除外）分別是，女生一一六〇人、男生七六七人、其他三十六人。「女生六成：男生四成」之比率，也和過去的調查結果近似。另外，從迄今爲止的採訪中，也發覺「女生承擔照顧工作的案例略多」，因此該比率也和採訪組的親身感受並不矛盾。

濱島過去的抽取調查結果，推算出大阪府和埼玉縣的高中生，「大約二十人中有一人」是兒少照顧者。埼玉縣的調查結果也顯示「大約二十五個高二學生中，有一人」是兒少照顧者。兩者程度相當。

以專家委員身份參與調查的成蹊大澀谷表示：「隨具體數字出爐，今後老師方面應該也會認爲『即便一班有一個兒少照顧者也不奇怪』吧。」

兒少照顧者的實況

首先，高二兒少照顧者的家人係處於何種狀況？

以照顧的對象家人人數而言，「一人」爲一三三九人（佔全體兒少照顧者的比率爲六八%，以下皆爲佔整體的比率）、「二人」爲二九〇人（一四・七%）、「三人」爲七十九人（四%）、「無回答」爲二六一人（一三・三%）。此結果顯示，一個人承擔二至三個家人照顧工作的學生，約佔兩成。

家人的屬性（複選）分別爲：祖父母或曾祖父母八〇六人（三六・九%）、母親五二四人（二四%）、手足四九二人（二二・五%）、父親二四二人（一一・一%）。

該家人的狀況（複選）則以，疾病六二六人（二八・六%）、高齡所致衰弱四四六人（二〇・四%）、身體障礙三四〇人（一五・六%）、失智症二八八人（一三・二%）等，最爲顯著。若依屬性別來看，則祖父母或曾祖父母「因高齡所致衰弱」佔五〇・五%。父母的部分，雖以疾病佔最多數，但是，母親罹患精神障礙佔一八・五%，居第二，父親罹患成癮症佔一二%，遠較其他家人多。

而照顧的內容（複選）爲何呢？

備餐、洗衣、打掃等「家事」居首，爲一一四三人（五八%）。其次分別是看顧或給予鼓勵打氣等「情感面的照顧」八〇七人（四一%）、購物或搬重物等「家庭管理」六三八人（三二・四%）。

頻率則以「每天」居首，達六九六人（三五・三%）。其次依序爲「一週二到三天」四四一人（二二・四%）、「一週四到五天」三一二人（一五・八%）。平日花在照顧的時間，以「未滿一小時」之短時間的學生居多，爲七九五人（四〇・四%）。其次爲「一到二小時」五三九人（二七・四%）。未滿兩小時者約共佔七成。

不過，也有部分學生被迫進行長時間照顧。「四到六小時」爲九十五人（四・八%）、「六到八小時」爲四十七人（二・四%）、「八小時以上」也有三十人（一・五%）。成蹊大的澀谷指出「若考量忙於上課、社團活動、寫功課等高中生的日常生活，則一天數小時的照顧負擔，實亦不可輕忽。」

有個學生在「自由意見」欄，記載了母親重病住院三個月時的事。雖然爲期不長，不過這個學生當時似乎是兒少照顧者。

「我每天得花上來回兩小時的時間去探望母親，並負擔六到七成的家事。雖然有哥哥、姐姐，但是他們不太幫忙，所以對課業造成極大負擔。我覺得如果有什麼可以減輕負擔的支援方案，將會比較安心。」

假日的照顧時間也是以「未滿一小時」和「一到二小時未滿」居多，但是未滿兩小時的比重約五成，較平日的約七成來得低。這意味著，有很多學生把時間較寬裕的假日拿來照顧家人。

「我從國二就是兒少照顧者。一開始常覺得焦慮，也曾累倒」，一個學生在「自由意見」欄中，如此回顧過往。早在上高中之前就已承擔照顧工作的學生，超過全體兒少照顧者的七成。顯見長期兼顧學校生活與照顧工作的案例不在少數。

「開始負擔照顧工作的時期」分別是「從國中開始」六八八人（三四・

九％）、「小學四到六年級」三九五人（二〇・一％）、「從高中開始」三八三人（一九・五％）、「小學一到三年級」二三八人（一二・一％）。回答「從上小學以前就開始」的學生，也有一四八人（七・五％）。

承擔照顧工作的理由（複選）依序是「父母忙於工作」五八五人（二九・七％）、「父母罹病或身心障礙、精神疾病、住院」四〇七人（二〇・七％）、「自己想承擔照顧工作」三七七人（一九・一％）、「手足有身心障礙」三二七人（一六・六％）。

另外，因爲「日語非父母親的母語」而協助日常生活通譯等照顧工作的學生，爲一四一人（七・二％）。這雖不會給人「照護」的印象，卻也是兒少照顧者的類型之一。再者，雖不確定是否爲兒少照顧者，不過，也有學生表述「對父母不是日本人感到自卑」。這個學生苦於無法與父母順暢溝通、生活習慣和別人不同，寫道「希望過著和大家一樣的生活」。

幫忙照顧的人（複選）依序爲，母親一〇八三人（五五％）、父親七七四人（三九・三％）、祖母三五六人（一八・一％）、姐姐三二三人（一六・

埼玉縣高二學生 1969 人為兒少照顧者

照顧對生活的影響（複選）

無法談及照顧工作、孤獨	**376**人	19.1%
感到焦慮	**342**	17.4
沒有足夠的讀書時間	**200**	10.2
沒有自己的時間	**192**	9.8
睡眠不足	**171**	8.7
身體倦怠無力	**162**	8.2
無法和朋友交遊	**158**	8.0
上課無法集中注意力	**92**	4.7
上學常遲到	**73**	3.7
成績退步	**67**	3.4
沒有正常吃飯	**51**	2.6
常請假沒上學	**44**	2.2
無法準備升學考試	**43**	2.2

（註）百分比為佔 1969 人之比率

傾吐煩惱的對象是？

幫忙照顧的人是？

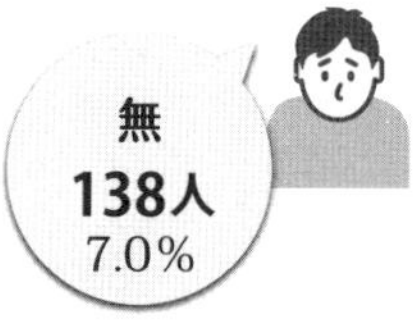

開始照顧的時期

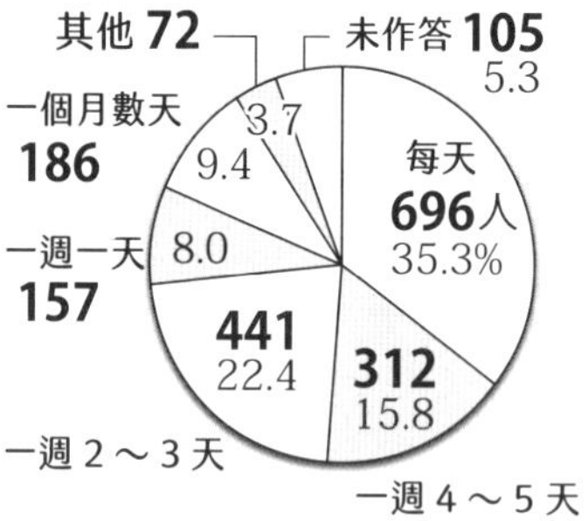

照顧的頻率

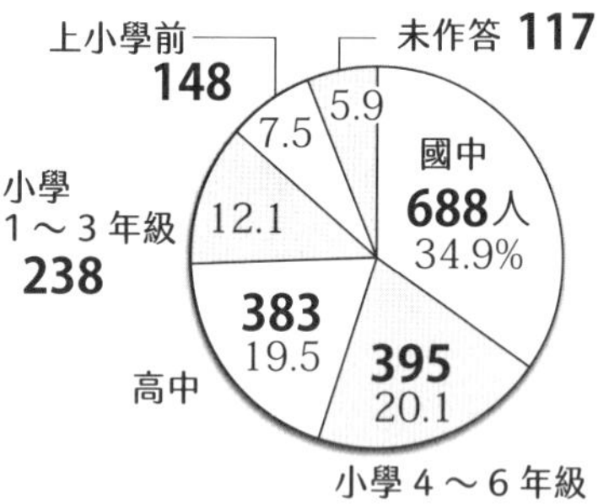

四%）。由此可知，與包括手足或祖父母等在內的血親，共同進行照顧工作的學生較多。相對於此，回答「沒有人」，亦即，獨力承擔家人照顧工作的學生，則有一三八人（七%）。

「我很擔心自己的未來。目前只有祖母和我能照顧父親，所以我對自己今後的就業或結婚等生涯發展該如何規劃，毫無頭緒。」

這個學生在「自由意見」欄中，如此吐露內心的不安。其坦言，目前和祖母同心協力，一起照顧父親，因爲父親的職場有提供經濟上的援助，所以生活尚稱安定，但是相當擔心未來的生活。

照顧工作帶來的影響，則及於孩子的身心兩面。對學校生活的影響（複選），以下面幾項最明顯，「感到孤獨」三七六人（一九・一%）、「感到焦慮」三四二人（一七・四%）、「沒有足夠時間讀書」二〇〇人（一〇・二%）。

回答「沒影響」的學生最多，爲八二五人（四一・九%），但是部分學生則出現嚴重影響，包括「睡眠不足」一七一人（八・七%）、「常遲到」七三人（三・七%）、「沒有正常吃飯」五一人（二・六%）、「常請假沒上學」

四四人（二・二％）。

一位高中老師在接受採訪時坦言：「還在成長過程的兒少照顧者，明明身心尚未成熟，在家裡卻負擔太多角色，也有孩子因而崩潰累垮。」也有學生在「自由意見」欄裡，指出學校在因應上的問題點。「家裡一定要有人承擔照顧工作，但是，（因此而來不及上學時）卻被當成遲到處理，眞是情何以堪。」

另外，平日的照顧時間愈長，在焦慮或讀書時間、升學就業規劃等大部分的項目，就有影響愈多的傾向。唯訴說「孤獨」的學生中，雖以照顧時間「六到八小時」的學生最多，但是，第二多卻是「未滿一小時」的學生。顯見兒少照顧者感受的焦慮，似有包括照顧時間長短在內的複雜要素。

另外，有五〇一人（二五・七％），也就是相當於每四個兒少照顧者中有一個，回答「沒有」人可以傾聽自己照顧相關的苦惱或不滿。

回答「有」的一一四二人，其商量對象（複選）則是「母親」居首，爲七一三人（六二・四％）。其次分別是「朋友」四二八人（三七・五％）、「父親」三八五人（三三・七％）、「手足」三四〇人（二九・八％）。

除此之外，也有學生提出以下意見：

「希望能舉辦高中兒少照顧者的交流會，互吐苦水、彼此商量。」

「盼望更多人理解身心障礙。不要因爲身心障礙就心生歧視，希望能打造社區民眾可以彼此支持的環境。」

回答「可對導師吐實」的學生只有三十四人（三％），而會對保健室老師啓口的學生，則只有七人（〇．六％）。諷刺的是，相較於學校老師，學生反倒比較容易對應是素昧平生之「在社群網站上認識的人」吐露苦惱（五十六人、四．九％）。

隨新冠肺炎疫情擴大，有三〇四位兒少照顧者（一五．四％），感到照顧負擔增加（有約佔七成之一三六四人回答「沒變」）。

也有學生發出無助的吶喊：

「在家時間變長，父母更加依賴酒精。」

「家裡有罹患慢性病的父母，所以絕對不能感染新冠肺炎，以致自己常請假沒去上學、課業跟不上。」

至於高二兒少照顧者希望的支援（複選），則以如下回答最顯著：

「苦惱時可諮詢的人員或場所」三一六人（一六％）、「可信賴、會守護自己的大人」二八六人（一四．五％）、「習題或課業協助」二五九人（一三．二％）。

然而，居首的卻是「沒有特別希望的協助」，為七五二人（三八．二％）。一位學生像是要拒絕大人伸出援手、和大人保持距離似地，寫下冷眼看透一切的意見：

「突然就這麼沒頭沒腦地大聲疾呼什麼『兒少照顧者很辛苦』、『需要給予支援』之類的話，可是眞正處境艱難的人，其實會希望盡量不被干擾、別受到太多關注。學校教育學生身邊存在所謂兒少照顧者的人，固然立意良好，但是，如果因而造成當事人被刻意關懷，反而會導致當事人失去學校這個唯一可以喘息的空間。無論如何都想幫助兒少照顧者的話，希望政府能宣導正確的知識。」

有位不在埼玉縣，而是在東京都會區定時制高中任教的老師，就身處青春期的兒少照顧者看待成人的眼光，給了採訪組如下的喻示：

「雖說或應更積極掌握狀況、採取因應對策，但是如果做得太過，學生反而會三緘其口。所以學生願意傾訴的對象，都是從學生角度看來覺得『這傢伙的話，說說也無妨』的教師。」

另一方面，在埼玉縣的調查中，也有不少學生表示「第一次聽到兒少照顧者一詞」。

「得知自己原來是所謂『兒少照顧者』族群，有種稍微得到救贖的感覺。」

這個心聲，也是採訪組以往採訪的原兒少照顧者們共同的感受。成蹊大的澀谷推測認爲，問卷調查的本身，已成爲他們加深客觀「認識自己」的契機。

《每日新聞》在十一月二十六日的早報，報導了前一天公布的調查結果：

〈埼玉高二生「照護家人」一九六九人　縣府兒少照顧者調查　對象共五．五萬人〉

東京總部版以社會版頭條報導此新聞，並在第二版分析學生的孤獨或焦慮、及於長時間和長期的照顧負擔。雖然報社內部不無懷疑的看法，質疑把埼玉縣內的調查大幅刊登在全國版面上，究竟能彰顯多大意義，然而，最終仍在強烈主張「全國調查結果尚未出爐的現階段，其係顯示國內兒少照顧者傾向的先行指標」之下，上了全國版面。由於這又是公部門首度進行的大規模調查，因此其他媒體亦有跟進報導。

埼玉縣的「照顧者支援相關專家委員會」在當天的會議上，聽取了縣府的調查結果報告。

對於有四成兒少照顧者回答「照顧對學校生活沒影響」一點，委員之一的飯田敦（埼玉縣高校長協會會長）從其身處第一線的立場，表達審慎看法：

「雖然這只是平常和學生接觸的感覺，不過，個人認爲對高二學生進行這種調查時，常會得到『沒影響』的回答。最好不要妄加輕信（調查結果）。特別是高二學生實有誇大自己、言不由衷之處，盼大家能對此有所認識。」

飯田直率地表示，此次調查也讓老師深受刺激，並表明意見說：「畢竟學校存在這麼多兒少照顧者，希望老師們能在這樣的刺激下，對於兒少的支援能有更多貢獻。」

在支援方式上，澀谷則對採訪組提出以下見解：

「正因為照顧的實際樣態或煩惱、不安極為多樣，所以更應該在學校裡面打造相關支援方案，協助照顧負擔沉重的兒少照顧者也能享受學校生活，最好有個可讓學生在瞭解支援內容的前提下，選擇使用或不使用的機制。重要的是，應營造學生可隨時借助成人之力的環境，像是在考量照顧實況下，一起思考升學就業等生涯發展方向等。最好能利用兒童或少年日常就讀的學校等場域，建置一個除教師外，社福或醫療專業人員亦可共同支持兒少照顧者的體制。」

討論兒少照顧者支援計畫草案等之埼玉縣的專家委員會

由地方邁向全國

埼玉縣開始正式投入兒少照顧者的支援。埼玉縣的大野知事在二〇二一年二月九日召開之審議二〇二一年度預算案的縣議會中，強調作爲對照顧者和兒少照顧者的支援，將推動普及和宣導，培育諮詢員等相關人才、促進學校和社區努力投入。

縣府的照顧者支援計畫（二〇二一至二〇二三年度）共揭櫫了以下五個目標值：

①將照顧者、兒少照顧者的認知度，由目前的近兩成，提高為七成。
②開設教育和社福相關人員的兒少照顧者研習，研習人數一千人。
③照顧者利用的一站式諮詢窗口，將由縣內二十六個市町村，擴及於所有市町村。
④為防止照顧者在社區孤立，居民照護者沙龍的設置，將由五十三個市町村，擴增達所有市町村。

⑤為「地區綜合支援中心」的職員，舉辦諮詢應對研習，培育三千名照顧者支援人才。

而年度預算則編列了支援計畫。例如，以高中生、市町村教育委員會、家長會相關人士等為對象，由原兒少照顧者到學校授課之「兒少照顧者支持班」，即由過來人「口述」己身經驗、說明公部門支援對策等兩個部分構成。另外，亦規劃舉辦線上聚會，讓兒少照顧者可以進行諮詢、傾吐苦惱。這個新嘗試係希望借助原兒少照顧者之力，防止難對周遭透露家人狀況的孩童陷入孤立。另外，並編製小學生、中學生、高中生專用的宣導手冊。

二〇二一年四月，北海道栗山町首開市町村先河，率先實施照顧者支援條例，其他地方自治體見狀，亦相繼出現條例制訂動作。自行著手進行兒少照顧者調查的單位也逐漸增加。埼玉縣成為自治體範例，廣受全國矚目。

埼玉縣的調查，對採訪組而言，也是一大進展。其乃探討兒少照顧者實際樣態、摸索支援方案的重要起頭。

唯仍不能僅憑濱島和埼玉縣所做的三個調查，即斷定其係日本全國共通的傾向。就以「一班有一人或兩人」這個兒少照顧者的存在機率來說，其依然只是埼玉縣和大阪府等都會區的傾向。其既未調查小學生、中學生，照顧手足也被排除在統計之外。

「仍保留著守望相助型社區的地方縣市，在家人的照顧上，應該比較容易獲得周遭的援手。處境艱困的兒少照顧者，應該會少一些吧？」

「包括東京在內，日本還有許多小家庭居多的大城市。『約佔孩童的五％』——這個數字，在作爲全國兒少照顧者的基準上，應是有效的吧？」

採訪組一方面交換意見、討論上述看法，一方面焦急地等候政府理應會在二〇二一年春季公布的全國調查結果。

發聲的意義

「我再問一次喔。企鵝是什麼動物來著？」

高橋唯問道。

「嗯——、哺乳類……不對，魚類。」

照護因車禍變成高級腦功能障礙的母親的高橋唯（右）。

母親純子遲疑地回答。

「好了，沒關係。企鵝是鳥類。」

小唯笑著給母親的答案打分數。

會場的聽眾入神地看著這個拍攝了上述無關緊要對話的影片。

二〇二〇年七月十八日，這天是小唯年滿二十三歲的生日。小唯從關東的住家，受邀前往東京都荒川區的生涯學習中心演講。這是她人生第一次在人前演講。

時年五十二歲的母親純子，患有記憶力和思考力下降的高級腦功能障礙（Higher Brain Dysfunction）。小唯從年幼時期即一直看顧、支持母親至今。

這部影片是小唯爲了讓參加者理解母親障礙的特性製作的。有一天，看到企鵝圖畫的純子突然問她：「企鵝是住在河裡對嗎？」小唯說自己把企鵝的生態，從頭到尾講解了一遍後，按下了錄影機的開關。換言之，純子根本記不住才剛從小唯那裡聽來的知識。

小唯在給聽眾看影片之際，先如此告知：

「我母親的行為舉止就像小孩。從我出生前就是那樣，毫無改變。一直是個沒有成長的小孩。」

當年的兒少照顧者小唯，現在依然照護著母親、照料著她的日常生活，相當於二十至三十九歲年齡層的所謂的「青年照顧者」。

純子無法獨力準備外出，因此告知出發時間、把必要的物品塞進手提包也是小唯的工作；在醫院看到腳腫得像麵龜的其他患者時，母親會大叫：「你看那個人！腳怎麼那麼胖！」。這時候，提醒她要安靜的也是小唯。小唯說自己總是為母親的言行舉止捏一把冷汗，很想裝作不認識她。

小唯邊穿插這些插曲，邊把過去的體驗講述完畢。話聲甫落，會場一位年過七旬的女性即如此問道：

「我頭一次聽聞兒少照顧者的問題，深感衝擊。不曉得碰到兒少照顧者時，有沒有什麼我也能做的？」

「常有人問我這個問題，但我實在不知道要怎麼回答……」

小唯自己也沒有自信能教導別人解決方案，因為每個兒少照顧者置身的環境，都不一樣，遭遇的問題也各式各樣。

即便如此，她仍有想訴求的事：

「如果能讓孩子覺得，周遭有一直在關照著自己的大人，小孩或許能把家裡的事情說出來。我當年也很希望身邊有可以傾聽、接納自己心事的大人。」

她很希望周遭的大人能夠察覺孩童發出的求救訊號。

有照顧家人經驗的原兒少照顧者接受訪談時，大多會希望匿名。因爲他們擔心一旦曝光家中狀況會招致周遭偏見的眼光，或是給家人造成心理負擔。

然而，在此氛圍下，小唯卻早早就以眞面目示人、公開眞實姓名，毋寧說，她還主動發聲，積極向社會大眾傳達自己的體驗。

二〇二〇年四月，她在影片分享網站 YouTube 上開設頻道。拍影片介紹自己的體驗，也直接將頻道取名爲「原兒少照顧者太郎兵衛與阿母頻道」（元ヤングケアラーたろべえとおかあちゃんねる）。

另外，她也在社群媒體積極發聲。除了每天在推特上，推文碎念與純子生活的所思所感外，也撰寫部落格。她在網路上的暱稱「太郎兵衛」，乃是取自以前飼養的愛犬的名字。

受訪的高橋唯。

爲什麼她願意主動發聲呢？

「因爲我覺得，如果兒少照顧者的存在廣爲周知，支援的觸角能擴及與從前的我有相同煩惱的孩子，我的經驗就沒有白費。」

然而，小唯也並非不費吹灰之力，就能輕而易舉抵達這樣的心境。

母親純子是在十多歲時，遭逢交通事故而留下高級腦功能障礙的後遺症。她還有右側手腳行動不便的「半身麻痺」症狀，在家裡行走時，必須扶牆壁或家具，在外面，則必須拄枴杖或用步行輔助車行走。比母親年長六歲的父親高橋等，也在小唯出生的前一年，發生意外失去左手。

身爲獨生女的小唯，曾在上小學前，騎著心愛的滑板車，到附近超市幫忙採買。無法判斷「讓幼女單獨出門很危險」的母親，似乎認爲「只是要她去買個東西而已」。

當時恰巧父親開車正在回家的路上，在馬路上發現小唯。小唯後來才聽父親說：「我想說怎麼有個小小孩獨自走在路上，沒想到卻是自己的女兒，不禁大吃一驚。」

記憶力有問題的純子無法爲自己的孩子讀繪本。所以小唯總是自己一個人看書。

颱風接近、強風大作的日子，小學來電通知純子來接女兒回家。由於事出突然，純子不會說「我先生會過去接」，在惡劣的天候中步行到學校，帶女兒一起回去。結果兩人都累到癱軟無力、昏頭轉向。

母親煮的飯菜，也是時好時壞、參差不齊。有一次，她甚至端出一道烤得半生不熟的肉，因此學乖的小唯，當時雖還只是個小學生，卻已學會做菜煮飯的本領了。小唯還養成了檢查冰箱，把純子買的舊食材丟掉、重洗餐具上沒洗乾淨的污垢等習慣。「媽媽會做的事，我全都學會了。」這時，她已經隱約明白，母親是個無法依靠的存在。

純子也有酒精成癮的狀況，最嚴重的時期是小唯就讀國中的時候。一到傍晚，純子就開始在廚房喝啤酒或日本酒，等小唯放學回家時，她已經爛醉如泥，完全是個酒鬼。

當小唯在房間準備開始寫功課時，偶而會傳來「砰咚！」的聲音。八成又是喝醉酒、腳步踉蹌的純子跌倒了吧？即便如此，聲音如果太大，小唯還是會放心不下，跑去幫她。

「其他同學不是在寫作業，就是在社團練習。爲什麼我卻得把時間花在母親身上呢？」

小唯沒有可以商量的人。

父母雖然殘障，卻盡一切努力，想把小唯好好撫養長大。如果跟人家說在照顧母親，說不定會被誤解成討厭這樣不尋常的家庭。小唯認爲自己承擔媽媽的照顧工作，並不是外出工作的父親的責任。

她無法開口對父母說「照顧是負擔」。這麼說的話，簡直像是在責備父母似的。明明比起自己來，抱有殘障或疾病的母親、父親，應該更不好受才是。這樣的想法，一直在腦海中盤旋。小唯也無法對學校同學啓齒。難得大家天南地北聊得正開心、氣氛熱烈，這時若是突然提到父母的事，豈不是在潑冷水、破壞氣氛？

於是，小唯改而將每天的心情寫在「便條紙」上，一吐不足爲外人道的感受。那就像是把不可告人的眞心話，進行封印的儀式。

一開始她寫在廢紙的背面。不過，等過了一段時間，再拿起來重讀後，大多會因爲覺得內容苛刻對不起父母、或是因爲厭惡「裝作悲劇女主角的自己」而丟掉。

她有一本在高三時大學聯考面試練習用的筆記本。完整保留到現在的，只有這唯一的一本。她用這樣的文字形容當時的心境：

「我稱呼只靠電訊號動作的物體爲媽媽。來學校參觀教學的、每天煮三餐的，都是名字叫做『媽媽』的機器人。」

國中之後的小唯忙於學校的社團活動、功課、補習等，生活緊湊、沒有太多空閒時間。相較之下，純子的生活步調讓她感到緩慢遲滯，小唯常爲了「想做自己的事」而感到焦急不耐。

母親記不住日期、有記憶障礙，一再買回相同商品、不管回答多少次還是重複問「今天放假啊？」等相同問題，煮飯做菜固不待言，不擅於思考順序，也無法自行做點什麼的母親，簡直就跟小孩沒兩樣。小唯對母親的行爲舉止充滿了疑問，不懂她爲什麼要這麼做。即使幫她、提醒她，她還是一再重複相同的事。這種種都讓小唯覺得徒勞無功，精神層面疲憊不堪。

「我和媽媽之間的時間流動是不一樣的。」

姑且借用小唯在演講中使用的「河川比喻」吧。

包括小唯在內的健全者，就像不停地在河川逆水游泳般，持續往前推進人生。但是，身有障礙的母親，卻追不上那條河川流動的速度。因爲不能棄母親於不顧，所以小唯就揹著母親浮游於河川。如此一來，或許會兩個人一起沉沒，或是即便沒有沉下去，也無法像一般人一樣溯河前進。

這樣的小唯，爲了要過「普通的生活」，乃逐漸萌生一種感覺，認爲只能封緘日常對母親的疑問，淡然接受她的言行和飲酒習慣。應該說，這是爲了不沉到河裡去，負擔最少的方法吧？

小唯在筆記本上寫下「正確答案是，不要抱有疑問」。

然而，即使封緘對母親的疑問，油然而生的憤怒或悲傷也不會消失不見。所以，小唯才會想要像機器人一樣，不帶感情地面對一切。

不僅自己要像機器人，也要認定母親是機器人。媽媽說不定會因爲「女兒比我更能幹」而感到落寞，說不定會因爲每天被女兒訓斥而感到傷心……一想到這些，小唯心裡就有罪惡感，所以認定「母親也沒有情感」，會比較輕鬆。

小唯也有寫著「雖然難過卻不想承認」的筆記。

想當然爾，小唯自是在「不帶任何感情地看待一切」這件事上失敗了。對自己失敗的本身，也倍感難受的小唯，心情極度沮喪。在學校時，只要談到父母的話題，就忍不住哭了起來。

看她現在這樣落落大方地在人前演講、自在地運用社群媒體，實難想像當時的小唯是個鬱鬱寡歡、被旁人說「磨磨蹭蹭、不知道想說什麼」的孩子。老師也說她「不管跟你說什麼，你都一副事不關己的樣子」，而任她自生自滅。

另一方面，純子則在小唯高中時，開始投藥治療酗酒的問題。花了兩年時間後，終於克服了酒精成癮。由於無須再被醉醺醺的母親折騰，小唯的生活也有了相應的改善。

即便如此，不管是玩樂或課業都無法與年齡相符，正值青春期的小唯，仍有「無法與同班同學以相同步伐前進」的遺憾。

小唯在演講中也這麼自承：

「小時候無法以言語貼切表達感情，現在回想起來，其實是有著無法把母親看成是『媽媽』的苦楚。自己每天都得幫助媽媽。雖然沒有不願意，但很想作爲一個小孩，跟『媽媽』撒嬌，讓她呵護自己。」

其實一直到最近，小唯才覺得自己可以被稱爲兒少照顧者。

就在她考上醫療社福體系的大學，升上大三的二〇一八年九月，純子在自己家裡摔落樓梯，撞到頭，被救護車緊急送醫。雖說幸好沒大礙，但因爲怕危險，所以還是把母親的房間由二樓搬到一樓。而就在進行樓梯扶手的安裝作業時，小唯突然這麼驚覺到：

「我做的事就是照護呀。」

當時她已經知道兒少照顧者一詞了。但是在此之前，她一直不認爲那是指自己。對總是惦記著父母的小唯而言，這個用語聽起來有「賜予照顧的幫手」之意，有藐視父母的感覺，所以一開始她並不喜歡這個用詞。父親即使沒有左手，也還是戮力工作、打身障網球並樂在其中。至於當幫手照看母親，對小唯

照護因車禍變成高級腦功能障礙的母親的高橋唯（右）。記者問到喜歡對方的哪一點時，小唯說「開朗的個性」，母親則說「直率的個性」。

而言，則是生活的一部份，再普通不過了。

就在純子摔落樓梯前的二〇一八年七月，小唯參加了在東京舉行的兒少照顧者研討會。那是正當她想找人傾吐煩惱，一再反覆於網路的匿名部落格發文就刪除、發文就刪除的時候。她實在很想和有相同境遇的人見見面。

那場研討會的講者是，時任成蹊大學助理教授的澀谷智子。在澀谷的邀請下，小唯加入「一般社團法人日本照顧者聯盟」的「兒少照顧者專案」。這個專案旨在提供支持，期能協助原兒少照顧者開口說出經驗談。那裡聚集了許多境遇和小唯相似的年輕人。

「只能依賴兒少照顧者一詞，找尋處境相同的伙伴。」

小唯做此決定，接受作為兒少照顧者的自己。

二〇一八年十月，她首次接受媒體採訪。匿名但露臉的報導，被刊登在NHK的社福資訊網站上。原本擔心父親不知會做何反應，幸而父親對她說「報導很棒」，讓她鬆了一口氣。在「TBS電視台」於二〇一九年九月播放的「報導特集」節目中，則以眞實姓名登場。

自此之後，她時而受邀參加電視台的兒少照顧者企畫，透過社群網站等管道，發聲傳遞自己的經驗，與其他兒少照顧者相互討論、分享。

二〇二〇年三月十三日，記者爲了訪談，前去小唯家中登門拜訪。一臉開朗的小唯在玄關前揮手迎接記者。小唯帶著記者來到客廳茶几落坐，純子就坐在小唯身邊。

小唯一邊接受訪談，一邊教導純子新手機的使用方式。小唯四月即將成爲社會新鮮人、開始上班，使用手機則會是她和純子之間重要的聯絡手段。

「媽，用 LINE 傳訊息給我啦。」

「嗯，我來傳。」

純子雖開始操作手機，卻似乎不懂該怎麼傳訊息。

「你不按這裡的傳送鍵，訊息就傳不到喔。」

「原來是這裡啊。原來如此、原來如此。我懂了、我懂了。」

看到純子這麼高興，小唯也對她說「太好了」。

那是小唯剛結束應徵、面試等求職活動的時期。就讀照護社福體系大學的同班同學，去年夏天就已開始投入求職活動。小唯則以尋找自己工作期間，純子可利用的日間照顧中心爲優先，因此遲至秋季才開始找工作。

小唯應徵的企業中，仍有許多公司未設想讓年輕資淺的員工兼顧工作和照護兩者。雖然如此，她總算還是接獲錄取通知，預定在一家有輪班制的公司任職。如果是輪班制的話，平日也可以撥出時間陪伴純子。

然而，小唯依然沒找到適合純子的設施，還得幫半身麻痺的母親訂製新的足部輔具等，待辦事項也堆積如山。

小唯道出心中的不安，表示：「我不確定一旦開始上班，會不會得以工作爲優先。老實說，想工作，又想讓母親生活過得更好，應該蠻困難的吧……」

同行的攝影師，在家中院子，拍下小唯和純子兩人的合照。兩人都因不習慣拍照而露出靦腆的笑容。期間，記者曾試著問純子喜歡小唯哪一點。

「直率的個性。因爲她有什麼就說什麼、心直口快。」純子回答。

接著，記者也問小唯喜歡母親哪一點，純子聞言笑著說：「不要問啦。她會說『沒有』喔。」只見小唯徐徐地開口說道：

「我覺得母親那不會抱怨自己不好受的性格，對我而言是某種救贖。因爲知道母親總是開朗樂天，我才能這樣毫不顧慮地什麼都說。」

小唯笑著說：「對我來講，我是用想說什麼就說什麼，來代替對父母的叛逆期。」

那個當年與母親生活感到心累疲憊、想成為「無情機器人」的內向少女，已經不見蹤影。

小唯從大學畢業並順利就業。也總算找到母親的設施。然而，她就職的公司也受新冠疫情波及，以致她有段時間不得不在家靜候通知。

二〇二一年三月，就在小唯踏入社會約經過一年的時候，記者再次詢問小唯近況。

「我覺得要同時做好家事、工作及照顧，遠比想像辛苦。職場那些打工兼差、還有小孩的年長女性，實在太強了。我也在做同樣的事，卻完全無法兼顧，所以非常崇拜她們。」

「希望日常生活能漸上軌道、順利運作。養兒育女這件事因為有著小孩可愛、再辛苦也甘願的部分，和照料母親或許有些許不同。但願我能更自在地駕馭工作和生活。」

雖然面臨新煩惱，小唯仍將持續不懈地投入與照顧爲伍的生活。

第五章

全國調查結果

手足照顧的去向

就在政府如火如荼實施首次全國性調查的二〇二〇年底至二〇二一年初，採訪組內部就以下問題掀起了議論：

「年幼手足的照料，全國性調查會怎麼處理？」

此種家庭照顧稱爲「手足照顧」（代替家人照料年幼手足），屬於「一般社團法人日本照顧者聯盟」分類的十種兒少照顧者類型之一，只要是對兒少照顧者問題稍有涉獵的人都知道。

那麼，何以其會引發議論呢？主要原因在於，先政府進行的埼玉縣或研究人員之調查，一律都將「手足照顧」摒除在統計之外所致。

在這些調查中，受訪者的手足若有障礙或疾病，即認定爲兒少照顧者，但是，照顧的理由如僅是「有幼小弟妹」，即排除在統計外。照料無身心障礙或疾病的弟妹，例如，承擔幼稚園或學校上下學接送、家事等工作的孩童，即屬於此類。

以埼玉縣的採訪而言，即基於難判斷是否爲兒少照顧者，而將這類孩童除外。官方的說明是：「難和幫忙家務區隔」、「僅憑問卷無法全盤掌握、不看個別孩童整體的家庭環境無從判斷」。

聽聞此事的採訪組記者山田奈緒甚感不解。

「按理說，兒少照顧者的要件，不管是高齡者照護或身心障礙者的協助，應該都是相同的。這樣簡直像在排擠『手足照顧』似的。」在採訪組的會議上，她也提出此質疑。

在此之前，山田曾於二〇二〇年七月，採訪一個在兵庫縣營運兒童食堂的非營利組織（NPO）。在不撰寫針對孩童個人文章的條件下，該非營利組織人員一五一十地詳述相關狀況。

「兒少照顧者很多啊。雖然跟你想的可能不一樣。」

其表示，利用該兒童食堂的兒少照顧者，多半都是一肩挑起照顧幼小弟妹的責任。

揹著喝奶嬰兒的小學生，來到兒童食堂。小學高年級的兒童，牽著更低年級的弟妹，來到兒童食堂。即便詢問「爸爸媽媽呢」，他們也只會支吾其詞。

這些孩子在家裡似乎也要照顧弟妹的生活起居。穿著打扮也稱不上乾淨。

即使造訪這些孩子的家庭後，感到該家庭應接受社福體系協助，父母也往往會拒絕。即便孩子沒去上學、忙著照料弟妹或幫忙父母，有的父母甚至還會反駁說「這樣到底哪裡不對？」。

「小孩幫忙父母是天經地義，沒必要上學。想介入這種價值觀的家庭提供支援，遠比想像困難。」非營利機構的人員無奈表示。不可否認的，兒少照顧者也可說是貧困或窮忙族的單親家庭等各種社會問題影響下的產物。埼玉縣的兒少照顧者調查喚醒了這個採訪的記憶，山田感到眼睛一亮。

話雖如此，「手足照顧除外」這個調查基準存在一定的合理性，則也是不爭的事實。採訪組成員也有這樣的聲音，他們認爲對於自認「我們一家人生活和樂」的家庭，第三者卻說「你是需要支援的兒少照顧者」而強行介入，這樣的作爲，究竟可正當化到什麼程度？採訪者自行判斷是否超越「家人相互扶持」的範疇，能否獲得讀者的共鳴？

正因爲沒有家人身心障礙、疾病等簡單明瞭的理由，所以判斷照顧年幼弟妹是否是「過度的照顧負擔」之分際拿捏，才會特別困難。特別是問卷調查的問題設計有其侷限，因此判斷上更加不容易。若是如此，刻意將難以區辨的孩童排除在統計外，並在此前提下，呈現「至少確實存在這麼多兒少照顧者」，也有其一定的意義。

究竟是要追求調查的正確性？抑或是要「放寬」兒少照顧者的定義，以減少遺落在調查之外的孩童？這個問題，採訪組亦難下定論。

鑑於採訪組內部有此議論，田中裕之遂在二〇二一年一月中旬，打電話給厚勞省的舊識。

「埼玉縣的調查不是把單純因爲『照顧對象幼小』而進行照顧工作的孩童，排除在兒少照顧者的統計之外嗎？」

「對，是這樣沒錯。」

「全國性調查也會沿襲這個方針嗎？」

「我們（厚勞省）是認爲照料年幼弟妹應該也是兒少照顧者。所以我想應該是不會除外……」

該相關人員個人認爲「手足照顧」也包含在統計內比較好。「不過，這部分取決於協助調查的專家學者怎麼判斷。至少是不會因爲埼玉縣這麼做，政府就仿效其作法。」

山田等人也再次私下詢問各方研究人員，聽取多種意見。「手足照顧」即便在專家之間，也是個意見分歧的問題。據知，也有意見認爲「把對象鎖定在照顧有身心障礙或疾病的父母或祖父母的孩童，比較容易擬定支援方案」。

相對於此，有位研究人員則對山田如此強調：

「我認爲不必限縮兒少照顧者的定義。用詞最好要能盡量汲取長久以來爲社會所忽視的孩子們的痛苦。相關定義應以，當孩子們覺得『或許自己也是兒少照顧者』時，不會否定此想法的定義爲佳。我認爲應該更廣泛思考才是。」

採訪組於三月一日在「每日新聞數位」刊載解說文章，向讀者提出此手足照顧的問題。其目的在於，說明兒少照顧者照護或照料的對象，並非只有父母或祖父母，期使讀者能重新思考，承擔手足照顧工作的孩童之境遇（爲此，報導書寫的筆調並非一般報導的論述口吻，而是使用系列報導中較爲罕見的敘述語氣）。採訪組也另外在其前後，出稿了數篇解說文章，以回應讀者的基本疑問。同時也在手足照顧的文章中暗隱意圖，要求政府進行全國調查統計之際應深思熟慮。

我也是兒少照顧者？　照料手足、難被察覺的負擔

兒少照顧者照護或照料的家人，並非只侷限於父母或祖父母。也有孩子係承擔身心障礙手足的看顧、年幼弟妹生活起居的照料等工作。然而，照顧方、被照顧方都是孩童的「手足照顧」，卻常被視爲是幫忙家務的延伸，以致存在難察覺其沉重負擔的問題。

「雖然腦中曾閃過『莫非我也是兒少照顧者』的念頭，不過，大概不是吧。弟弟或妹妹既沒有身心障礙，我也不是照護。我之所以不勝負荷，可能單純只是因爲我不得要領的關係……」

這段話出自一位高三女生之口，她長期照顧就讀小學或幼稚園的弟妹。經採訪她後發現，備餐、大量的衣物洗滌、幼稚園的接送等家事，明顯壓縮了她讀書或從事社團活動、與朋友交流的時間。

雖然女孩的家長沒有障礙或疾病，但據說不太做家事。由其中可以窺知，這個學生除了以「小家長」之姿，一肩挑起手足的照顧工作之外，還要傾聽家

長的煩惱等，成爲全家的精神支柱。這種狀況眞的可以用「佳話」一詞打發，不予正視處理嗎？

支持家人照護的團體「一般社團法人日本照顧者聯盟」，並未以手足有身心障礙、疾病爲必備要件，即直接將「代家人照料年幼弟妹」，列爲兒少照顧者的類型之一。只要煮飯做菜、洗衣、打掃等家務協助、打工等家計協助管理的責任過度沉重，讀書、玩耍、學校的社團活動等，本應屬於孩童的時間將會被剝奪，從而有導致其未來發展潛能受限縮之虞。

再者，孩童照料的若是有身心障礙和疾病的手足，其照顧內容將不僅止於協助更衣或吃飯、沐浴等身體照護。有時也要背負宛如保護者的角色，守護手足，以免其在學校生活中受傷或被霸凌，或必須安撫管束手足因障礙特性所致的衝動性言行舉止等。甚至也常要包容疲於養育障礙子女的父母喪氣的情緒，給予安慰支持。

這些孩子從小就承擔重要的照顧工作，並備受周遭期待，期許其將來也能繼續照顧手足等，從而同樣有導致其往後人生選項遭到限縮之虞。

然而，手足照顧的負擔似乎不易爲社會、時而甚至也不易爲家人所理解。

原因之一在於，相較於所謂「照護」，手足照顧往往日常性「照料」較多之故。再者，如家長或其他家人也沒有障礙或疾病，社會大眾視其爲「幫忙」的延伸之傾向，即更爲強烈。很多時候，身邊的人只會稱讚其爲「伶俐懂事的孩子」、「手足情深」。

被視爲理當照顧手足的兒少照顧者，爲回應周遭的期許，只得不斷努力，並變得無法撒嬌討拍或表達辛苦。另外，也時有兒少照顧者本身無法自覺負擔沉重之情形。

另一方面，針對《每日新聞》的專題系列報導，也有一位原兒少照顧者寫來郵件，表示「照顧手足也有正面收穫。很遺憾總是受到負面看待」。與周遭家人妥善分擔照顧工作或負擔輕微的事例，其狀況或許僅係輔助性幫忙、或僅止於家庭相互扶持的範圍。也有看法認爲，這樣的照顧可以促進互動，加深家人之間的牽絆。

不過，也不能排除會有因家庭環境變化等各種因素，導致孩童的照顧負擔中途開始變重的案例。換言之，不論從本人、家人及第三者的角度來看，兒少照顧者的識別確實有其難度。

埼玉縣在二〇二〇年十一月公布的縣內高二學生調查結果，可說再次印證了兒少照顧者識別的困難性。在回答「認爲自己是兒少照顧者」的二五七七名受訪者中，有六〇八人，因爲照顧對象沒有身心障礙或疾病、單純只是「年幼（未就學、小學生）弟妹」，而被排除在兒少照顧者之外。縣府的說明是「難以判斷」。實情則似乎是，因爲單憑對有侷限性的問卷作答之內容，無法判斷個別受訪者的處境，故而將之除外，以期調查能達到準確性。

不過，不考量家庭環境等因素，將難看出照顧負擔的沉重程度——這點實爲所有兒少照顧者所共通。如將手足照顧一律割捨，將會出現掉落在支援網絡之外的孩童。

厚勞省於今年冬季，首度針對全國學校進行調查。該省相關人員在表明「個人意見認爲，照顧年幼弟妹應該也是兒少照顧者」後，表示「希望與專家學者協商後再行判斷」。期盼厚勞省，在統計和分析上，都能進行充分的顧慮和考量。

對「要對協」之調查

另一方面，在對全國各校進行調查之前，即存在政府於二〇一八年度之後實施的「其他全國性調查」。此即，針對全國「要保護兒童對策地域協議會」（以下簡稱「要對協」），進行的問卷調查。

「要對協」係市區町村等地方自治體，依「兒童福祉法」規定，設置之組織，目的在早期發現、支援有受虐、偏差行爲等問題的兒童。

當時政府內部也對兒少照顧者沒有太多認識。在二〇一八年五月召開的參院厚勞委員會中，無黨籍參院議員藥師寺道代和政府端曾有如下對話：

藥師寺　文科省、厚勞省是否對兒少照顧者的實況有所認識？

文科省　我們瞭解小學、中學、高中存在著，承擔需接受照顧的家人之照料或照護工作的學童、學生。

厚勞省　我們也有聽說民間團體調查顯示，這些孩子提供的照顧內容，大多是家事或幼小弟妹的照料。

藥師寺 是否有就日本有多少兒少照顧者、遭遇何種課題，進行分析？

文科省 並未對小學、中學、高中進行全面性的調查。

厚勞省 我想因爲是「兒少」，所以應是未滿十八歲，而到目前爲止，並未鎖定此年齡層，進行實況調查等。

藥師寺力主全國調查的必要性，厚勞省首長加藤勝信卻只是避重就輕地表示：「我們會和文科省一起合作，研究看看要怎麼做才能逐步掌握實況」。即便如此，一般仍認爲，此質詢係進行全國「要對協」問卷調查的契機。

首次的「要對協」調查結果公布於二〇一九年四月。其中，回答對兒少照顧者概念，有「認知」的「要對協」，爲整體的二七・六％，相對於此，「無認知」則佔大多數，爲七二・一％。另外，未滿三成之「有認知」的「要對協」中，「有掌握」被認爲係兒少照顧者之孩童的實況者，爲三四・二％；「雖存在被認爲是兒少照顧者的孩童，但並未掌握實況」爲三五％；「沒有符合條件的孩童」爲三〇・三％。

換言之，大多數「要對協」人員此前並不知道「兒少照顧者」一詞，係透過此問卷調查方才知悉。翌年度，政府再次對「要對協」進行含收集個案在內的調查。

「要對協」的業務，本係以處理受虐兒因應事宜爲主，投入許多心力在「是否要將親子分離」等嚴重的案例上。擔負多樣照顧工作的兒少照顧者，未必是受虐案例。再說，問卷調查也並非針對兒少當事人，而是對「要對協」進行「間接詢問」，因此無從眞確掌握實況，可說也是理所當然。

不過，政府的承辦人員層級，倒是瞭解此「要對協」調查「有不足之處」。這個認知促成二〇二〇年冬季至翌年春季期間，對全國學校及孩童的全面性調查，也是不爭的事實。

將調查結果放上頭條

二〇二一年四月十二日，政府公佈全國調查的結果。

這天是星期一，而前一天的四月十一日剛好新聞製作公休。這種時候，新聞業界稱十一日爲「休刊日」。但是從讀者的立場來看，則是隔天，即不會收到早報的十二日爲「休刊日」。

雖然無礙於網路的新聞網站上線刊載，但是，紙本報紙卻多半會因爲休刊日隔天湧入兩天份的新聞，而有稿擠的問題。

再者，十二日又恰巧在新冠疫情問題上有重大動向，那天係全國六十五歲以上長者，開始施打疫苗的首日。爲此，編集局內部雖也有聲音主張，十三日早報頭版頭條，放新冠疫情，但是，負責製作當天標題和版面的編輯，則如此說道：

「把我們一直追蹤報導的兒少照顧者放頭條吧。」

由於調查結果公佈的時間，跨越會計年度，所以採訪組的成員已因「每日新聞社」春季的人事異動，而有部分更迭。即便如此，基於之前已做了一半，不宜半途而廢，故仍由山田和甫於四月返回政治部的田中撰稿。並同樣由回到政治部的前採訪組編輯松尾良審訂。而「高齡者開始施打疫苗」的新聞，也在標題等部分下功夫，以免版面安排和其他報社相形見絀。

與兒少照顧者相關的「首度」全國調查結果，就這樣子，作為頭版頭條和第二版的大篇幅輔助報導，刊登在報紙上。

〈國二學生有五．七%兒少照顧者 全國首度調查　佐證照護的孤獨〉

全國性調查係在二〇二〇年十二月至二〇二一年一月期間，依四十七個都道府縣的人口，抽取出相當於全體一成之一千所中學和三百五十所全日制高中，再以就讀這些國高中之共約十萬個國二學生、約六萬八千個高二學生為對象，以請他們在網站上作答之形式實施。作答人數分別是國二生五五五八人、高二生七四〇七人。

其中，回答「家有進行照料的家人」之國二生，佔整體的五．七%，相當於大約十七人中有一人。高二生則有四．一%做此回答，相當於大約二十四人中有一人。

MAINICHI

毎日新聞

4月13日（火）
2021年（令和3年）

発行所：東京都千代田区一ツ橋1-1-1
〒100-8051 電話(03)3212-0321
毎日新聞東京本社

ヤングケアラー中2の5.7%

全国初調査 孤独な介護裏付け

家族の介護・世話をする子ども「ヤングケアラー」をめぐり、政府は12日、全国の教育現場に対する初の実態調査結果を発表した。公立中学2年生の5・7％（約17人に1人）、公立の全日制高校2年生の4・1％（約24人に1人）が「世話をしている家族がいる」と回答し、1学級につき1～2人のヤングケアラーがいる可能性がある。誰にも相談せず孤立しがちな実態や、健康・学業への悪影響も全国的に初めて裏付けられた。

（2面に関連記事）

高2は4.1% 4割「ほぼ毎日」

調査は昨年12月～今年1月、47都道府県の人口に応じて全体の1割にあたる中学1000校の中2（約10万人）、全日制高350校の高2（約6・8万人）にウェブ上で回答を求めた。回答者数は中2が5558人、高2が7407人。

今回の結果を仮に全国の中2と高2の生徒数で単純計算すると、国内に計約10万人のヤングケアラーがいるとの推計も成り立つ。

ヤングケアラーの生徒の内訳では、世話（ケア）をする対象の家族（複数回答）が、中2はきょうだい61・8％▽父母23・5％▽祖父母14・7％、高2はきょうだい44・3％▽父母29・6％▽祖父母22・5％。ケアの理由としては、きょうだいが「幼い」こと、父母は身体障害や精神疾患、祖父母は高齢や要介護状態などが多い。

中2、高2ともにケアの頻度は「ほぼ毎日」が4割強を占め、週3～5日、週1～2日が各1割台。平日1日あたりのケア時間は平均約4時間で、「7時間以上」と答えた生徒も約1割いた。また1割前後は協力者がおらず「自分のみ」でケアをしていた。ケアの内容は、食事や掃除・洗濯などの家事、保育園などの送迎、障害や精神疾患のある家族の感情面のサポート、外出の付き添い、見守り、入浴・トイレの介助など、多岐にわたった。

ヤングケアラーの1～2割が「宿題や勉強の時間が取れない」「自分の時間がない」「精神的にきつい」と訴え、睡眠不足や進路を

全国調査結果 ポイント

- 学校と生徒に対する初の全国調査
- 中学2年の17人に1人、高校2年の24人に1人がヤングケアラー
- ケアの対象はきょうだいが最も多く、続いて父母や祖父母。頻度は「ほぼ毎日」が4割強、平日のケアは1日平均4時間
- ケアで「自分の時間がない」「宿題や勉強の時間が取れない」など窮状の訴えも
- 誰かに相談した経験がないヤングケアラーは中2で約7割、高2も約6割
- 学校側は中学、高校ともに約半数が「ヤングケアラーが在学している」と認識

每日新聞報導：國二學生有5.7%兒少照顧者。全文翻譯如左：

全國首度調查　佐證照護的孤獨

政府於十二日發表，就承擔家庭照護或照料工作的孩童「兒少照顧者」，對全國學校進行之首次實況調查結果。其中，公立中學二年級學生有五．七％（約每十七人有一人）、公立全日制高中有四．一％（約每二十四人有一人）回答，「有進行照料的家人」，顯見每一班級可能有一至兩名兒少照顧者。另外，無人可商量、常陷於孤立的實況、對健康和學業的負面影響，也都首次獲得印證係全國性傾向。

高二為四．一％　四成「幾乎每天」

本調查係，依四十七個都道府縣人口，以相當於全體一成的一千所中學的國二學生（約十萬人）、三百五十所全日制高中的高二學生（約六萬八千人）爲對象，於去年十二月至今年一月期間，請學生在網路上作答。作答人數爲國二學生五五五八人、高二學生七四〇七人。

若根據此次結果，單純以全國之國二、高二學生人數推算，則亦可推估，日本國內共計約有十萬個兒少照顧者。

兒少照顧者學生的內容如下。以照顧的對象家人（複選）而言，國二爲手足六一・八％、父母二三・五％、祖父母一四・七％，高二爲手足四四・三％、父母二九・六％、祖父母二二・五％。照顧的理由則以，手足「幼小」、父母有身體障礙或精神疾病、祖父母爲高齡或處於需照護狀態等居多。

國二、高二兩者的照顧頻率皆爲，「幾乎每天」佔四成多、一週三至五天和一週一至二天各約佔一成多。一天的照顧時間平均約四小時，不過也有約一成的學生回答「七小時以上」。另外，有一成左右表示沒人幫忙，「只有自己」進行照顧工作。照顧的內容則極爲多樣，包括：備餐或打掃、洗衣等家事、幼稚園等接送、對有障礙或精神疾病的家人提供情感面的支持、陪伴外出、看顧、協助沐浴和如廁等。

一至二成的兒少照顧者表示「沒時間寫功課或唸書」、「沒有自己的時間」、「精神面吃不消」，也有些有引發睡眠不足、生涯規劃變更等影響。

全國調查結果　要點

・首度以學校和學生為對象之全國性調查

・國二學生每十七人有一人、高二學生每二十四人有一人，為兒少照顧者
・照顧對象以手足最多，其次為父母或祖父母。頻率為「幾乎每天」佔四成多、平日的照顧時間為一天平均四小時
・作答者亦訴說因照顧工作所致的困境，包括「沒有自己的時間」、「沒時間寫功課或唸書」等
・沒有和人商量經驗的兒少照顧者分別是，國二約七成、高二約六成
・不管是中學或高中，學校方面有約半數知道「有兒少照顧者在學校就讀」

又，問卷提問所用的「照料」一詞，則附上註釋，說明其係指「進行原本被認爲應由成人承擔之家事或家人的照料等」。附加註釋的目的係希望受訪者勿受限於「照護」一詞的印象，以免承擔多樣化照顧工作的孩童，成爲統計的漏網之魚。另外，其同時也是，爲了把對象鎖定在，非「偶爾幫忙做點家事」，而是背負不亞於成人的負擔之孩童上，以正確掌握兒少照顧者規模所做的考量。

簡單來說，國二和高二平均每一班級就有一個或兩個兒少照顧者之推測，受到全國調查結果的印證。如果單純套用在全日本國二和高二學生的總人數上，則「全國共計有大約十萬名兒少照顧者」之推算，將可望成立。

《每日新聞》採訪組在二〇二〇年三月首度報導之總務省「就業構造基本調查」的客製化統計，推算兒少照顧者為三萬七千一百人。此次全國調查的結果則顯示，其規模大幅凌駕在此之上。當時採訪組記者向畑泰司懷疑「應該更多吧」的直覺，看來似乎沒有錯。

政府此次的全國性調查，係將採訪組議論的「年幼弟妹照顧」納入統計中，再據此分析兒少照顧者的實況（調查結果的全貌刊登在日本厚勞省網站，人人皆可查閱）。

觀諸其內容可知，國二兒少照顧者照料（照顧）的對象家人（複選），依序為，手足六一．八％、父母二三．五％、祖父母一四．七％。高二也同樣依序為，手足四四．三％、父母二九．六％、祖父母二二．五％。兩者都是「手足」居首。照顧的理由則大多是，手足年幼或有身心障礙、父母的部分則是因為有身體障礙或精神疾病、祖父母則是因為高齡或處於需照護狀態等。

照顧的頻率則是，國二和高二兩者都是，「幾乎每天」佔四成多、「一週三至五天」和「一週一至兩天」各佔一成多。平日則是，平均一天的照顧時間約四小時。雖然國二、高二都是「未滿三小時」佔四成左右，但是此處需留意的是，若想像就學孩童一天的生活作息，則即便二到三小時，也是相當大的負擔。一早就前往學校，接著上課，放學後還有社團活動，回家後還要寫習題、準備考試。在此之外，尚須承擔數小時的照顧工作，此負擔難道不是比光看統計數字所得的印象，還要來得沉重嗎？驚人的是，也有大約一成的學生回答一天的照顧時間爲「七小時以上」。

開始照顧的時期，則分別是，國二生以「小學高年級」最多，佔三四．二％，高二生以「國中之後」最多，佔三七．八％。從就讀小學前，就持續進行照顧工作的案例也不少，「開始照顧的時期」之平均年齡，分別是，國二生爲九．九歲、高二生爲一二．二歲。

照顧內容則相當多樣，包括備餐或打掃、洗衣等家事、幼稚園等接送、有障礙或精神疾病家人的情緒面支持、陪伴外出、看顧、協助沐浴和如廁等。另外，大約一成左右的孩童無人可幫忙，「只有自己」從事照顧工作。

兒少照顧者

公立中學二年級　每十七人有一人
全日制高中二年級　每二十四人有一人

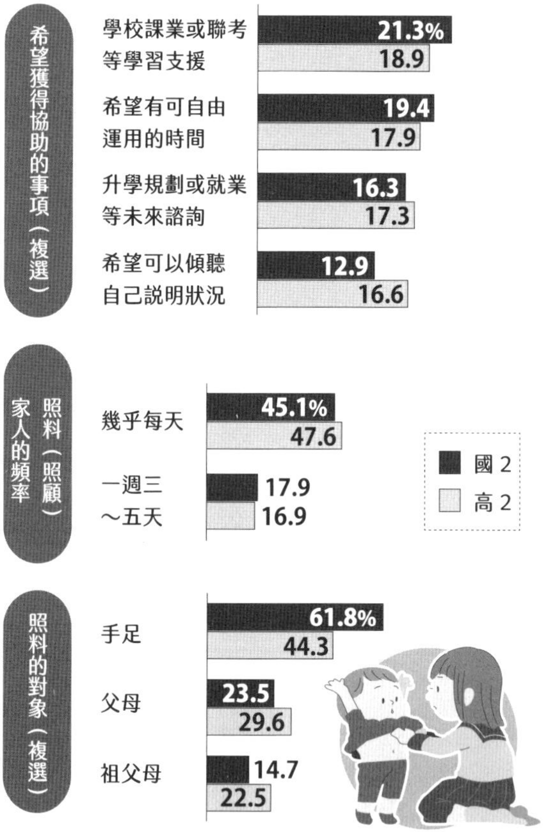

兒少照顧者的男女比率差異不大，但詳細分析照顧內容後，相異點即清楚浮現。相比男生，女生承擔家事或手足的身體照護、幼稚園等接送工作的比率較高，由此可窺知女生負擔許多家事或手足照料工作。照顧的頻率或花在照顧的時間，也是女生有比男生長的傾向。相對於此，男生則是進行「金錢管理」的比率較女生高。

孩童本身對兒少照顧者的認知度，果眞正如預期認知極低。回答「聽過兒少照顧者一詞，也知道其內容」者，國二生僅止於全體作答者的六．三％、高二生則僅止於五．七％。反之，「沒聽過」者，則超過全體的八成。

另外，不與人商量、常陷於孤立的實況、對健康和學業的負面影響，也都首次獲得印證係全國性傾向。一至二成的兒少照顧者傾訴「沒時間寫功課或唸書」、「沒有自己的時間」、「精神面吃不消」，也有些孩童出現睡眠不足、升學就業規劃變更等影響。問及希望大人協助的事項或需要的支援時，約兩成的兒少照顧者回答「希望提供學校課業或聯考準備等學業的支援」、「希望有自由運用的時間」。

另一方面，採訪組再次注意到，認爲「不需要支援」的國高中生相當多。

不管是國二或高二，都以「沒特別需要」的回答最多，約佔四成。唯眞正不需要支援的孩童，究竟有多少則不得而知。從訪談原兒少照顧者的經驗觀之，似乎須把「不想跟外人說明家務事」、「不信任周遭成人」的孩子佔有一定比率之可能性納入考量較佳。

此由「有無商量經驗」的數據亦可窺知。

對於與他人商量家人照顧事宜，沒經驗的學生爲國二學生六七%、高二學生六四%。理由則以「苦惱程度不到需找人商量的地步」、「即便商量，也不認爲狀況會有所改變」等居多。究其原因，除了不清楚自己負擔沉重或想要隱瞞等可能性之外，一般認爲，「不想被認爲和其他孩子不同」、「不想被投以同情眼光、認爲自己很可憐」等孩童的心理，也有所影響。

在學生的自由記述中，也有許多他們無法求救、陷於孤立狀態等內心的糾葛或眞實想法：

「光是想著如何度過今天都來不及了，哪有力氣找人商量。」

「不是全部都要讓人代勞或想逃離，只是想要喘口氣。」

「希望大人不要直接一口否定，可以聽我說話。」

另外，也有一些意見透露對成人的不信任：

「曾找學校諮商員商量，卻吃了苦頭。」

「明明有告訴老師照顧家人的事，遲到或缺席卻反映在操行成績上。」

事實上，對採訪組而言，全國調查結果顯示的兒少照顧者傾向，可說大致在預料的範圍內。「全體的五%左右」、「一班一至二人」等傾向，已經在研究人員或埼玉縣等先前調查中表露無遺，毋寧說，採訪組甚至反倒比較關注「全國調查與地區限定的先前調查是否有懸殊落差的傾向」。

不過，不管怎樣，全國的實況依然首度在數據佐證下明朗化，成為一大轉折點。此前採訪組自行進行的客製化統計或照護支援專員調查，於實況的掌握上，都各有其極限。另外，即使再怎麼根據埼玉或大阪等先前調查的部分結果，訴求憂慮，政府這種行政機關也不可能基於未獲全國性正確印證的「想像」，就輕易把財源分配給兒少照顧者支援。

政府終於要從這個調查開始，朝支援的方向邁出第一步。各家新聞媒體也都在四月十三日早報的頭版或社會版等，以醒目的篇幅，報導全國調查結果。

另一方面，採訪組的預期在好的方面落空了——年幼弟妹的照顧竟然也被納入全國調查的統計之內。

貌似照料幼小弟妹的學生，在問卷調查的自由記述欄中，寫下不勝負荷的吶喊。這個學生訴說自己的疲憊感、成績退步的不安，並透露衷心的願望。

「父母認爲我們小孩承擔育兒工作爲理所當然。」

「想要唸書的時間，更想要睡眠時間。」

不管是國二或高二，兩者的照顧對象（複選）都以手足居首，而在照顧的理由（複選）中，舉「手足幼小」的學生最多，分別是國二學生七三・一%、高二學生七〇・六%。一位政府相關人員表示：「沒想到照料年幼弟妹的孩子這麼多。很吃驚。這是個新發現」。他說，原本的印象是兒少照顧者照料的對象，多半是有精神疾病的父母或有身心障礙的手足，因此對這個結果倍感吃驚。

如果家人沒有疾病或身心障礙，尤其不易看出照顧負擔的沉重，從而也一直困擾專業人員和地方自治體。而透過此次調查，兒少接送弟妹上下幼稚園、煮飯做菜、洗衣、打掃等，儼然負起可說是「小家長」角色的實況，隨之明朗化。一般認爲，政府勢必會明確認定手足照顧爲兒少照顧者，並影響及於今後的支援方案。

手足照顧納入統計是採訪組始料未及的，但全國調查出乎意料的低回收率更令他們深感困惑。看到數字時，山田吃驚得說不出話來，不禁和編輯松尾面面相覷。

全國調查雖以共計十六萬八千名國二學生、高二學生學生爲對象，成功回收的問卷卻分別是國二僅五千多人、高二學生也止於七千多人（當然仍是有意義的統計）。由於作答數參差不齊，因此，政府無法分析個別自治體的傾向，也不知道都會區和地方縣市兒少照顧者，分佈不均的程度。

「用智慧型手機掃描二維條碼作答的方式，是否眞的能調查到需要支援的孩子？」

有位回答問卷的學生，對調查手法提出此質疑。政府雖然透過學校，分發載有網站作答格式二維條碼（QR code）、網址之調查概要，問卷回收卻不是透過學校，而是採由學生直接在網站上作答之方式。爲此，作答與否，有很大一部份係委由學生自行決定。

有位政府人員透露實情表示，「因爲相較分發紙本問卷再回收之方式，網站作答方式可將調查預算抑制得較低」。然而，這麼做的結果，卻造成全國調查的規模，遠小於埼玉縣採紙本問卷進行之縣內高二學生的調查規模（約四萬八千人作答、回收率超過八成）。

政府在報告書中預設防線指稱，此次的全國調查「純粹是爲了掌握全國大概的狀況」，並可見宛如要將詳細狀況的確認和因應，「全盤丟給」各地方自治體負責般的記述。就國二回收率低於高二一點，則自承「推測應是（國二）手機持有率較低所致，這是網站調查的限制」。另外，不管是國中或高中，都是一開始就把剛入學未久的一年級、即將聯考的三年級學生，排除在調查對象之外，小學生的部分，也基於「低年級學童作答有其困難」之判斷，而擱置未調查。

另外，也有未能成爲正式統計的數據。此即，對定時制高中和通信制高中，進行的全國性調查。政府係從所有都道府縣抽取一校，兩者各抽出四十七校。各校分別是，定時制以「相當於高二」的學生爲對象，通信制以在籍的學生爲對象。然而，作答的學生人數甚少，分別是定時制三六六人、通信制四四六人，調查結果最終僅被刊載作爲「參考值」，並未當作正式統計。

採訪組遂在日後，以「其非正確的統計」爲前提，另行在網站上刊登了詳細報導。

〈「不得不變更生涯規劃」　定時制、通信制高中生學業受到嚴重影響〉

兒少照顧者學生的比重分別是，定時制高中八・五％（每十二人有一人）、通信制一一％（每九人有一人），兩者皆較全日制高中多。也有學生表示，爲了照顧家人而放棄上全日制高中、或從全日制高中退學。

詢問定時制、通信制兒少照顧者學生「爲照料工作而想做卻不能做的事」（複選）後，在「不得不考慮變更生涯規劃、或已變更」、「沒有自己的時間」、「不能和友伴交遊」、「睡眠時間不足」等項目上，兩者都高於全日制。以通信制而言，表示「平均一天花七小時以上照顧家人」的學生達二四・

五％。回答「從原本就讀的學校退學了」的學生，也有一二・二％。

據負責全國性調查的相關人員表示，原先通信制並未列入調查對象，係後來調查相關研議委員會的學者專家，籲請納入調查對象內。政府方面認爲「只要進行全日制和定時制的比較即可」，但是學者專家主張「爲掌握照顧負擔對升學就業或生涯規劃的影響，通信制的調查亦爲不可或缺」。

一位現任的都立高中教師，向山田透露表示，雖說只是參考値，自己仍深受調查結果衝擊。這位教師曾有在定時制高中任教約二十五年的經驗：

「我再次意識到竟然有這麼多的孩子，必須縮減學校相關時間，並把時間用在照顧家庭上。在選擇高中的時點學業就已經大幅落後、對教育失去信心的孩子也不在少數。」

在問卷調查的自由記述欄中，也有意見指出：「盼能更進一步擴大，即便一邊進行照顧工作，也可邁進的升學就業途徑。」這意味著，思考升學就業等生涯規劃時，爲了家人而把自己的期望擺在其次的孩子，可能爲數不少。

「盼營造一個讓人覺得可談論精神疾病的社會」。這是在全國性調查中，一位學生提出的意見。採訪組以這個僅有一行的自由意見爲基底，在網站上刊載了另一篇文章。

〈「營造一個可談論精神疾病的社會」　兒少照顧者學生寫下的內心呼喚〉

這個學生進行何種照顧工作，從調查報告書中無從解讀。不過，受人們對精神疾病的歧視或偏見影響，患者本人或負擔照顧工作的家人陷於孤獨，則一直是歷來研究人員和支持者指出的問題。

兒少照顧者擔負照顧的對象和內容雖有各式各樣的類型，不過「父母有精神疾病」的案例，則是最具代表性的類型之一。根據政府的全國調查顯示，照顧父母的兒少照顧者中，父母狀況（複選）爲「精神疾病、成癮（包括有此之疑者在內）」，分別是國二學生一七．三％、高二學生一四．三％。比率與「身體障礙」幾近相同。

與患有精神疾病父母一起生活的兒少，常要代替父母操持家務、或長時間包容其不穩定的言行舉止等，一肩挑起情緒面的照顧。其需在緊繃感中，愼選跟父母對話的遣詞用字，予以安撫。時而也有因擔心掛慮而無法離開父母身邊的狀況。參與政府全國調查的大阪大學教授蔭山正子，即如此指稱：

「比方說，『傾聽說話』這種照顧，既有一而再、再而三不斷重複相同內容的時候，也有心情沮喪、陷入谷底的時候。孩童陪伴父母、爲他們分憂解勞絕非易事。」

承擔這種照顧工作的孩童，常無法開口和周遭商量、陷入孤獨。這點由蔭山教授、精神看護學的研究人員横山惠子等研究小組，於二〇二〇年底發表的「家有精神疾病父母的兒少實況調查」，亦可窺知。

此實況調查係，針對參加過家有精神疾病父母的兒少團體 kodomopeer 之二百四十位受訪者，就其小學、中學、高中時代的照顧或諮詢經驗、學校內外的援助等問題，在網站上進行問卷調查。作答者共一百二十人，年齡層分別是二十至三十九歲約五二％、四十至四十九歲約二三％。父母的病名（複選）則是，思覺失調症約五〇％，幾近一半，憂鬱症約二〇％。

曾在小學、國中、高中的任一時期，跟學校諮詢過照顧負擔和不安的受訪者，僅止於一至二成。未和學校諮詢的原因（自由記述），則以「覺得丟臉、應該隱瞞」等主旨的回答最顯著。

「不想讓人知道父母的疾病。」

「讓人知道家人罹患思覺失調症很丟臉。」

蔭山表示「擔心社會的有色眼光而無法對旁人啓齒、無法諮詢的情況，屢見不鮮」，並指出擴大社會或學校對精神疾病理解的必要性。據其表示，也有受訪者回答，即使學校知道家庭狀況，仍「因老師歧視性的言詞感到受傷」。由此可窺知，環境對精神疾病的理解不足，正一步步將孩童逼進絕境。

在政府的全國調查相關研議委員會，擔任主席的森田久美子（立正大學教授），也就孩童能否發出求救信號一點，指出「不想被認爲和其他小孩不一樣、不想被投以憐憫等負面眼光，這些因素也都和能否求援息息相關」。這意味著，在兒少照顧者的支援上，降低對身心障礙或照護的否定性印象、社會大眾的意識變化，將是設計制度之際，不可或缺的前提。

嘗試摸索的學校第一線

話說，政府的全國性調查，對象並不限於學生，學生在籍的學校也是調查的對象。

政府針對國二生、高二生就讀的全國一千所公立中學和三百五十所全日制高中，進行了問卷調查。作答的學校分別爲公立中學七五四校、全日制高中二四九校，透過作答結果，教育第一線苦思早期發現兒少照顧者並因應的樣貌，清楚浮現。

「大多數學生都擅於隱瞞，完全不發出家庭困境相關訊號。想介入尋常、全無違反常態等徵兆的學生非常困難。」

京都府一所全日制高中如此報告，並指出，接觸家長、從家長著手切入也極困難。

「有問題的家庭，家長既不出席三方面談，也常不接電話，與家長溝通接觸的本身，即有其困難。碰到這種情況時，不全權交給專家處理，實難應對。」

權衡之下，該高中只能做出取捨，表示「學校能做的只有教育，而非社福或公部門性質的支援」。應如何介入兒少照顧者的家庭？關於這個問題，也有其他訴說學校的困惑或極限的聲音。

「家庭問題很難介入。而且如果沒有『該做什麼、怎麼做』等答案，將難以介入。反之，如果有什麼答案的話，會變得比較容易涉入，因此我們認爲支援團體增加是好事」（國中、兵庫縣）。

「兒少照顧者是家庭的問題，不易介入干涉。具體的支援應由學校諮商員或學校社工師進行。」（定時制高中、A縣）。

「家人的問題極多，學校無法支援。不知道該與什麼單位諮詢，也不知道即便去諮詢會不會獲得因應。加上十八歲以上的學生也極多，實難確切掌握何者才是諮詢窗口。」（通信制高中、C縣）。

也有被家長拒絕干涉的事例。B縣的定時制高中報告指稱，有位女學生要操持家事、照料年幼手足提交學校的物品、習題等，而有不到校上學的傾向。然而，其父親卻不對外求援。因爲「這位父親認爲身爲長女的該學生，操持家務是理所當然的」。

另一方面，學校邊摸索、邊與諮商員或社工師等攜手合作，成功提供支援的事例也不少見。

兵庫縣一所中學透露指出，有位與精神疾病的母親、失智症的祖母，三人一起生活的國三女生就讀該校。據了解，其除負責家事的祖母失智症狀愈趨嚴重外，母親也幾乎不去固定看診的醫院回診，以致這位學生有不到校上學的傾向。學校教職員遂與女學生一起思考今後的升學規劃，學校社工師則幫忙處理升學相關手續。該中學表示，學校雖籲請市府協助，讓她祖母可接受照護服務，卻與市府的承辦部門「有認知上的落差」。該中學深感單靠學校之力因應，有其極限，訴求與社福單位分擔角色、共享資訊。

東京都的某中學也提出同樣的訴求。

這所中學曾有支援成功的經驗，其教員堅持不懈，不斷與為照顧年幼手足而疲於奔命的女學生母親接觸，並促成市府承辦部門對母親提供必要的經濟支援等。

「有時候，此前的所屬機構等，會持有學生就讀國中前的資訊，但是，現況是，如果學校不積極收集資訊，就不會知道過去的資訊。盼市政府或兒童諮詢所的資訊，能集中管理。重要的不是把因應方式手冊化，而是應善用經驗或專業，毫不猶豫地將察覺的狀況，與相關機構進行資訊共享，進而採取支援的行動。」

另外，若對照學生端的調查結果即可知，學校端和學生之間本就存在「認知的落差」。

回答問卷表示「有兒少照顧者（在學）」的中學佔整體的四六・六%、高中四九・八%。雖有一半學校對兒少照顧者的存在有所掌握，卻仍和學生端調查得知的「一班有一至二人」，具有認知上的重大落差。另一方面，定時制高中和通信制高中的掌握程度則略高，分別爲七〇・四%、六〇%，也有通信制高中訴求危機感，表示「無法過著孩童應有的生活、在身心尚未成熟下即被迫擔負成人角色的學生，遠比想像的來得多」。

即便學生不太向周遭吐露家中狀況一點，或對兒少照顧者的掌握有影響，唯即便去除掉這個因素，學校端還是明顯理解不足。以公立中學和全日制高中而言，回答「不知道兒少照顧者一詞」、「有聽過用語但不知道具體內容」

「有兒少照顧者就學中」的學校約佔一半

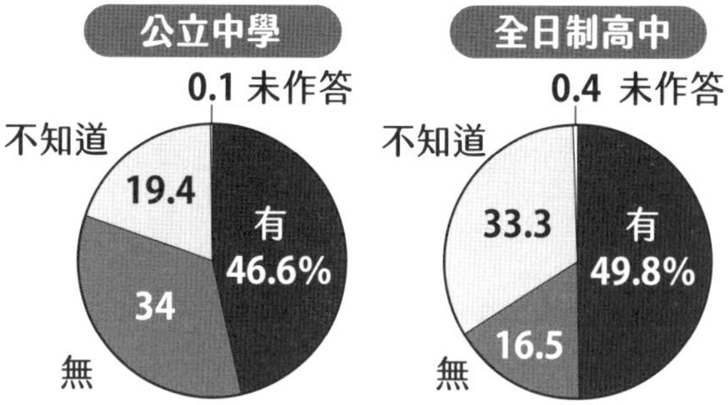

者，約佔四成。反之，回答「從學校角度進行辨識並因應」者爲公立中學二〇．二％、全日制高中則僅有九．六％。

北海道的一所中學即表示，「即便教職員覺得（學生的樣子）有異狀，也想不出因應策略」，盼能「列入研習內容」。東京都的某中學則向政府要求，學校諮商員等專家的介入、諮詢窗口相關資訊的提供。大分縣的一所中學則提及，讓孩童本身學習兒少照顧者的必要性，表示「有時（孩童）視爲理所當然的工作，在外人看來卻覺得吃不消」。

北海道的某中學則指出，早期發現的門檻，會因學生性別的不同而改變。「感覺上，男生如果在家裡操持家務等，就會有違和感而較早察覺，但是女生的話，則似乎會有做家事或照顧手足是理所當然的社會性認知，以致容易被忽略漠視。」

包括對因應虐待等問題的「要對協」進行之通報在內，回答促成兒少照顧者與「外部支援連結」的中學爲六五．四％、高中爲三一．五％。相反的，回答「在學校內進行因應」的中學爲三七．九％、高中爲六二．九％。奈良縣的中學指出「如非像虐待般急迫性高的案件，就沒有具體的支援」。

雖然課題仍堆積如山，不過，透過政府的全國性調查，實況掌握暫告一段落。自此之後，採訪組把報導的比重，更進一步轉移到支援方案上。

新的一步　不再消極

「初次見面，我現在就讀高中三年級。」

「從國二開始，到今年八月為止，我一直是個兒少照顧者。」

十八歲的繪里（化名），在二〇二〇年十一月二十六日首度寄給採訪組的電子郵件中，寫下這樣的開場白。採訪組收件夾顯示的寄達時間為，晚上八點五分。

這天是以埼玉縣內五萬名以上高二學生為對象之縣府調查結果公布的隔日。繪里是在發郵件前不久才得知「兒少照顧者」一詞。當時她邊吃晚飯邊看著的NHK恰巧在播放。說不定播報的剛好是報導調查結果的新聞也不一定。

「啊，這是我。」

用智慧型手機搜尋後，她找到的並非 NHK，而是《每日新聞》的「體驗募集」公告。她心想，要不要試著發個郵件看看，於是順勢打起了文章。

然而，寫著寫著卻漸漸心煩意亂了起來。愈來愈沒自信，懷疑自己是否符合電視上看到的兒少照顧者。

——我覺得自己爲了家人疲於奔命，但是別人能瞭解嗎？

——我們家既沒有身心障礙者，也沒有年長者。也許只是我自己笨手笨腳罷了。

——我跟兒少照顧者應該還是不一樣吧？

於是，繪里姑且先條列說明：自己在五個手足中排行老大、代替工作的媽媽忙於操持家務等事項。並且不寫名字，改而這麼寫道：

「若可容我稍加詳細說明，務必希望能與記者見面直接說明，再請多費心指教。」

繪里寄來的郵件，文章老成的程度，由採訪組內部甚至出現懷疑的聲音說「這女孩眞的是高中生嗎」，即可見一斑。

當時，採訪組收到許多經驗談。倒不是懷疑投稿人的故事眞假，只是必須從各種資訊，綜合判斷內容是否確爲兒少照顧者（或原兒少照顧者）。像是：敘述的家人照顧之具體性、是否有佐證體驗的筆記本、照片等記錄？陳述有無一貫性？有無矛盾？等等。

「我來訪談。」有鑑於她的家庭狀況似乎頗複雜、加上可能由同性進行訪談較易啓齒，因此採訪組的山田奈緒自告奮勇表示要負責採訪繪里。

就在採訪組進一步寫郵件詳加詢問後，繪里再次寄來周到有禮的回信。信中有複雜的家庭環境、苦於不知如何兼顧學校與家事等詳盡敘述。山田感覺她應是兒少照顧者無誤。

唯當時已接近年底。對方又是高三學生。也許正忙著讀書，準備大學聯考也不一定。山田一方面不希望訪談的身心負擔妨礙她考試，一方面又想聽聽這個身爲「現任」兒少照顧者世代的女孩的故事。內心糾結不已。

經過一番天人交戰後，山田不得不寫了一封措辭委婉的郵件給繪里，「如果可能的話」、「若是可在不干擾聯考準備的情況下碰面的話……」客氣地表示希望能與她見面訪談。

「眞的非常謝謝您願意聽我說話。」

無視山田的擔心，繪里一口就答應訪談。那之後山田也陸續與她往返數封電子郵件（在這個時點，甚至連繪里的名字是什麼都不知道）。

繪里說自己就讀於東京都內的高中。期末考結束的十二月底，兩人相約在東京都內的親子餐廳碰面。

當天冬陽暖照、天氣晴朗，戶外的空氣並不怎麼冷冽。纖細的身體包裹著寬大白色毛衣的繪里來到餐廳，比約定時間要提早許多。

幸而店內的大座位空著，兩人坐定後，先互相自我介紹。

不知是否眼睛不好，繪里戴著眼鏡。容貌端正、聲音細小如喃喃低語。雖然沉著穩靜，看起來卻也像是疲憊不堪。

無須山田詢問，繪里就自動奉上學生證。那是一所東京都內屈指可數、國高中六年一貫的升學名校。這樣的身份確認看似小事，卻對這個很大部分端賴當事人自陳的採訪非常重要。

「這所學校那麼難進去，你當時考中學時，應該下了一番苦心吧？」

曾在補習班兼差當老師的山田，先從閒話家常切入。逐一回答的繪里也逐漸鬆口、打開話匣子。

繪里下面共有包括幼兒在內的三個弟妹。

母親係在家工作，常忙到深更半夜。有段時期，母親曾有一位不是繪里生父的伴侶，但是這個伴侶幾乎不做家事，也不工作。

家事都是由繪里一手包辦。

雖然突破難關考取現在的中學，但是，隨著年幼、處於發育期的手足日漸成長，照顧工作也愈來愈忙。最小的手足，年紀和她相差十歲以上，房間再髒，也還是天眞無邪地自在玩耍。繪里每天忙於家事，根本無法集中精神唸書。升上高中後，在家期間，繪里幾乎無法擁有自己的時間。

放學回家途中，她必須先繞去超市買食材。回家後，則需準備晚餐、前去幼稚園接弟妹。

照料他們吃完晚餐後，等著她的是餐後的收拾整理、掃地和洗衣服。洗滌的衣物共有包括繪里在內，四個小孩的便服、運動服、營養午餐服等，總之，數量非常龐大。

等她馬不停蹄忙完家事時，已是睡覺時間。母親有時也會不在家，這時候，哄騙幾個正處於愛玩愛鬧時期的弟妹睡覺，也是一大工程。

每天採買時還得精打細算，滿腦子想著怎麼省錢。

煮飯做菜都是無師自通，總是用手機的料理APP，拚命搜尋菜色。繪里的學校沒有供應營養午餐，而她的狀況是「午餐費四百日圓。買一個一百日圓的飯糰果腹，留下三百日圓」。也完全沒有心思餘裕，想著從母親給的生活費中抽點私房錢。

繪里的手機現在仍留著規劃菜色的詳細筆記。

「我在折衣服時，同學們應該都在用功讀書吧。」

高中不管是課業或習題難度都很高，連星期日也要忙於家事的話，根本來不及預習或複習。成績也一直在原地踏步。早已放棄將來想成爲律師或官僚的夢想。

繪里總是惦記著時間。

繪里善用手機的料理應用程式，規劃每天的菜色。

即便想在圖書館唸完書後再回家，也因為要準備晚餐或接弟妹而無法如願。喜歡的社團活動因爲練習時間太長，無法兼顧家庭只好退出。即使退出，也無法一放學就回家。因爲學校規定「所有學生都要參加社團」，不准有放學就直接回家的「回家社」。爲此，繪里雖加入其他社團，但既無好友，也不覺有趣。置身這個視讀書和社團都應積極參與的校風中，無法全心投入實令人倍感心酸。

她曾不止一次想說乾脆「退學」算了。

朋友都很優秀、出色，雖然很喜歡這些朋友，但是看到她們個個閃閃生輝，全力投入課業或社團活動，甚至去留學，內心不禁升起嫉妒之情。那種被遺棄的焦躁感，常壓得她喘不過氣。

弟妹就讀的幼稚園雖規定要由家長接送，身爲高中生的繪里卻被視爲特例，而被允許接送弟妹。「明明金錢和時間都無法自由運用，卻只有在接送這件事上被當成大人對待……」

她沒有可以發洩負面情緒的對象。雖然學校設有諮商員，但她不曾踏進諮商室一步。因爲覺得自己的處境會曝光，被周圍的人得知。

和母親分手的伴侶，似乎跟區公所說了什麼，負責育兒支援的職員，還特地到她就讀的高中。雖然有對那位來了不下數次的職員說明家中狀況，卻沒有任何有助改善繪里生活的支援或建議。

她只能把無處排解的虛無感，打進手機的備忘錄中。

「家事花了三個小時。明明自認沒有拖拖拉拉，爲什麼還是要花這麼長的時間？」

雖然好幾次想逃離家裡，卻沒有出遠門的錢。有一天，她走到鬧區，再從那裡繼續不停往前走，心想「乾脆給他走到死爲止」。

另外有一天則是一直踩著腳踏車。像唸咒語似地，在心中不斷默唸。

「從這條路直直騎，一直往前直直騎……」

可發現時，竟已騎到熟悉的街道上了。最後還是乖乖回家。只能嘆息自己笨拙沒用。

始於二〇二〇年初的新冠疫情蔓延，讓家事的負擔更加沉重。因爲不能把年幼弟妹送去幼稚園，所以繪里除了原本的早餐和晚餐之外，還必須準備全家人的午餐。那年，第四個手足出生，照顧嬰兒也加入變成她的新工作。

「我再也負荷不了了！」

就在身心俱疲達到顛峰的夏天，母親竟突然帶著其他弟妹，移居到地方縣市去了。只留下即將大學聯考的繪里在東京都內。

然而，不知怎地，從家事中獲得解放的繪里，內心卻毫無輕鬆舒暢之感。

「讀書，是要怎麼加油來著？」

長久以來一直沒有屬於自己的時間。好不容易有自由時間了，困惑的感覺卻勝過喜悅。寫電子郵件給採訪組的時間點，也是在這個時候。

在親子餐廳，繪里不知不覺地對山田傾訴內心的迷惘。

「我知道不管設定的目標是什麼，最好還是要讀大學。雖然沒有不努力的理由，但就是提不起勁。」

「這次期末考也是好不容易才過關，成績勉強達到能畢業的水準。」

繪里的聲音有氣無力。大概是一直以來都無法對別人傾吐吧，她滔滔不絕地敘述升學的苦惱、對家人的情感。

山田只是靜靜聆聽。本來當場要開口說「想寫成報導」，最後則作罷。也不是光憑一次訪談就能寫成報導，必須進行各種確認作業或追加訪談。況且，也不能對大學聯考這個人生大事造成干擾。她於是決定，等繪里大考塵埃落定時，再與她聯絡。

兩人或到飲料區續杯、或追加餐點，一起在該親子餐廳待了數小時。走出店門後，繪里輕聲笑著說：

「好開心，我真的不曾外食過。」

山田在回程的路上，不斷反覆咀嚼繪里說的話。

繪里和母親的關係，讓人覺得簡直是親子角色逆轉。繪里說，自己曾每晚都要聽母親發牢騷或戀愛諮詢。她說：「幾乎沒有向媽媽撒嬌討拍的記憶。」

話雖如此，卻似乎也不是對奔放不羈的母親沒有感情。她雖會嫌棄或厭煩，覺得「不想變成這樣的母親」，但是對於母親能在艱困的成長背景下，習得一技之長的堅強韌性，也心懷尊敬。

照顧方、被照顧方兩者都是孩童的「手足照顧」，有著連兒少照顧者本人或家人都視之爲「幫忙家務的延伸」，從而輕忽照顧負擔之傾向。根據自己的經驗和迄今爲止的訪談，山田對此有著深刻的認識。

如果又是像繪里這樣，家人沒有身心障礙或疾病，就會更容易被輕忽。雖然家裡經濟狀況稱不上寬裕，但是一家住在獨門獨院的住宅，繪里就讀的又是學費比公立學校昂貴的私立學校。這在旁人看來應會是沒有任何問題的「普通」家庭。

繪里應該也是因爲有這種感覺，才會對寫郵件給採訪組感到猶豫躊躇。

三月初，山田再次聯絡繪里。雖然不知道她大學聯考順不順利、考得好不好，但仍在信中表示，想將她的故事寫成報導。

沒想到回信內容卻出乎預料之外。

「其實我後來沒有參加聯考。虧您還幫我加油，眞是非常抱歉。」對於寫成報導一事，繪里也表示瞭解。信中並寫說，希望能和山田再次相見。

幾天後，山田在東京都內的咖啡廳，和就快迎接高中畢業典禮的繪里碰面。繪里的模樣，跟前次訪談時簡直判若兩人。卸下眼鏡，改戴隱形眼鏡，還化了淡妝。最重要的是，她的表情開朗，陰霾一掃而光。

話題自然而然地走向「爲何沒有參加聯考」。

前一年夏天從照顧弟妹的生活中獲得解放的繪里，一方面對大學高昂的報考費感到吃驚不已，一方面朝著年初的入學考全力衝刺、日夜苦讀。

她必須用僅剩的半年時間，趕上一直以來落後的進度。然而，「卻完全追不上」。怎麼辦？怎麼辦？原本就欠缺的自信，這下更蕩然無存了。

一直考慮到最後關頭，她才在年後伊始，用 LINE 告知母親。

「我在想說是不是不要考大學。」

「爲什麼不考呢？將來怎麼辦？」她遂坦白地對擔心的母親，說了一些那時無法專注課業、苦惱不已的心情。也試著告訴她將來的夢想和目標。

母親最後接受了繪里的決定。

她對成爲大學生當然有所憧憬。也留有「如果當時能全心專注在學校生活的話……」等不甘和懊惱。

然而，放棄考試成爲向朋友道出迄今歷程的契機，卻也是不爭的事實。

「其實我家很多事，讓人非常吃不消。」共度國高中六年光陰的朋友，一方面感到吃驚，一方面則仔細聆聽了繪里的傾訴。原以爲會因此被疏遠，卻意外地一切如常。

繪里的好友裡面，也有人成績優異卻沒考上第一志願。

「半調子果然還是不行的。」

我也要更用功唸書，明年再捲土重來。

離開咖啡廳後，繪里和山田信步走到附近公園。山田用數位相機，拍下附在報導內的繪里的照片。

陽光明亮、天空沒有一片雲彩，天氣好到想找個背光的地方都不容易。

繪里說，如果她的經驗能被寫成文章，似乎就可以整理自己的內心。

「感覺雖然經歷過那些事，但心情上還是能夠繼續努力。」

繪里話很多、說個不停，不過是鴿子坐在路上，她也止不住笑。說起來，她本就是正值連筷子掉下來都覺得好笑、無憂無慮的青春年華呀。

繪里漫步在花朵開始綻放的櫻花樹下。再過不久就是畢業典禮了。

發現櫻花綻放的也是繪里。於是，她們在那株櫻花樹下拍了照。

繪里依然滿臉笑容。

那之後，山田仍持續與她互通電子郵件。報導是在四月下旬刊登。剛好是繪里在遠離家人的城市，選擇就業之路、開始新生活的時期。

繪里雖暫且先就業，但她考慮要在隔年春季升學，唸語言學系。另外，據她說，她也對演藝工作有些許興趣。

「也許我可以更信賴、依賴周遭的人。」

她說她是這麼想的。

第六章
正式邁向大舉支援

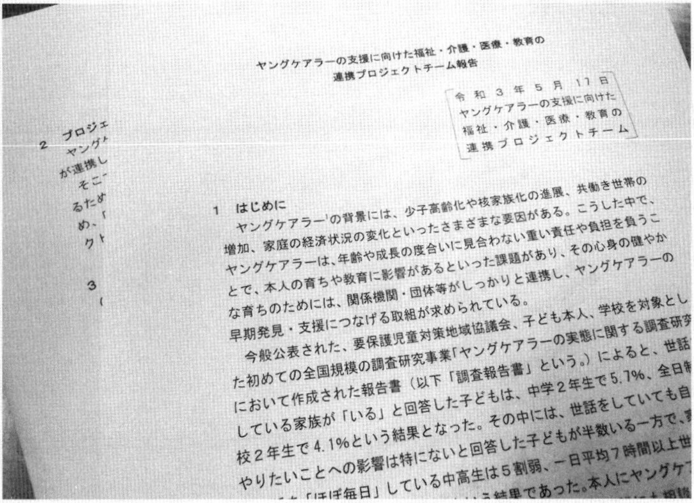

ヤングケアラーの支援に向けた福祉・介護・医療・教育の
連携プロジェクトチーム報告

令和３年５月17日
ヤングケアラーの支援に向けた
福祉・介護・医療・教育の
連携プロジェクトチーム

2 プロジェ
ヤング
が連携し
そこ
るため
め、「
クト

3

1 はじめに

ヤングケアラー[1]の背景には、少子高齢化や核家族化の進展、共働き世帯の増加、家庭の経済状況の変化といったさまざまな要因がある。こうした中で、ヤングケアラーは、年齢や成長の度合いに見合わない重い責任や負担を負うことで、本人の育ちや教育に影響があるといった課題があり、その心身の健やかな育ちのためには、関係機関・団体等がしっかりと連携し、ヤングケアラーの早期発見・支援につなげる取組が求められている。

今般公表された、要保護児童対策地域協議会、子ども本人、学校を対象とした初めての全国規模の調査研究事業「ヤングケアラーの実態に関する調査研究
において作成された報告書（以下「調査報告書」という。）によると、世話
している家族が「いる」と回答した子どもは、中学２年生で5.7%、全日制
校２年生で4.1%という結果となった。その中には、世話をしていても自
やりたいことへの影響は特にないと回答した子どもが半数いる一方で、
「ほぼ毎日」している中高生は５割弱、一日平均７時間以上世
結果であった。本人にヤングケア

兒少照顧者支援用社福、照護、醫療、教育之串聯專案小組報告

政府成立專案小組

那是二〇二一年二月二十三日，也就是約莫全國調查結果公布前兩個月的事。前藝人、時任厚勞省副首長的三原順子在推特上面推文：

「兒少照顧者問題事態嚴重。

雖然厚勞省目前正進行驗證中，不過現實顯示有相當多學生進行照護工作。近期，我的同事山本博司副大臣（相當於臺灣各部會的副部長）成立了PT。我會再次報告其相關進度！讓我們傾社區、全體社會之力，共同支持兒少照顧者吧！」

在此略顯唐突的推文中，三原亦舉「讀賣電視台」網站兒少照顧者的報導為例，言及政府內部的研議狀況。

採訪組記者田中裕之係在偶然的情況下，發現這篇推文。在推特上搜尋兒少照顧者相關貼文、收集資訊，已成為田中每天的例行公事。

三原所寫的「PT」乃是「Project Team」（專案小組）的簡稱，係指受政府或執政黨、在野黨特別任命的國會議員或主管部門的「政務三役」（指大臣、副大臣、政務官）、官僚等，爲了就特定的政策議題進行實務研商，而設立的組織。政治界、政府官員等，無人不知此組織，其也常在媒體報導中登場。

同時也是自民黨參院議員的三原，主要負責厚勞省內，掌管兒少照顧者問題的兒童家庭局。身爲公明黨參院議員的山本，和三原同爲厚勞省的副首長。如果三原是在介紹同事的工作狀況，那應該就意味著，政府終於要開始正式研議兒少照顧者支援方案了。

田中遂打電話跟舊識的政府人員確認。該人員似乎對三原的發文一無所知，語氣慌張地說「可以讓我確認一下（發文的內容）嗎」，就掛斷電話。

根據其後的採訪始知，原來厚勞省計畫成立一個由文科省一同參與的專案小組。唯，在這個時點，尚未完成事先跟厚勞省首長田村憲久報告的程序。這種形式上的程序，在官場文化中倍受重視，因此按理說，應該還要一些時間才會對外公布。換言之，三原的聲明是有點搶先「偷跑」。

爲了拔得頭籌，「趕在其他媒體還沒寫以前」獨家報導，田中急忙把採訪結果整理爲文，以「厚勞省成立支援小組」爲標題，刊登在二月二十六日早報的社會版上。報導中說明，主管社福醫療事務的厚勞省，已敲定方針，將設立由山本率領的專案小組，而主管兒童教育事務的文科省亦可望加入，共同討論兒少照顧者支援議題。專案小組將以厚勞省實施的首次全國調查結果爲基礎，進行研商，期能將相關方案納入政府整體的經濟財政營運指針，亦即，所謂的「骨太方針」中。

當年，小泉政權時期，「骨太方針」曾被視爲「首相官邸主導」的象徵，時而會超越各省廳和執政黨的預期，打出重大政策轉換或發展方向。如今其存在感雖不再有如此份量，但在制訂的時間上，仍比各部會提計畫供隔年度預算編列用之夏季的「概算要求」早，且依然會在當中決定今後政府大致的施政方針。如果兒少照顧者支援有被載明其間，那麼幾乎就可確定隔年度會被編列預算。

不過，是否政府全體部會都同意全面提供支援並納入「骨太方針」中，採訪組並沒有確鑿的證據。縱使厚勞省做此主張，接下來也需和其他部會或首相官邸協商調整。有鑑於此，報導內容在措辭上，乃用「目標期能」達到將兒少照顧者支援反映在骨太方針中，以喻示現階段其仍僅止於厚勞省單方面的期望。

主導專案小組的厚勞省本身似亦仍在摸索，尚未勾勒出明確的展望。

「兒少照顧者並非有個別對策，如何連結到既有的支援方案才是重點。而如何處理精神保健、照護保險、醫療保險等（厚勞省的）措施、教育等（文科省的）措施產生的窒礙，才是問題。」

一位厚勞省幹部如此說道。由此可知，厚勞省對於推出新政策，毋寧說，係抱持審慎態度。這位幹部也強調表示，由於「兒少照顧者這個概念本身，尚未爲社會大眾所知悉」，因此，媒體的報導將有助於兒少照顧者的「發現」。

在專案小組中和厚勞省攜手合作的文科省幹部則透露表示，文科省已經發文通知各級學校，要求第一線留意兒少照顧者的存在。其指出，除了教師之外，學校諮商員或學校社工師等角色，也將變得極爲重要。

「我想學校之所以倍受期待，應是因爲其中有察覺兒少照顧者存在的契機之故。首要之務是，該如何提升敏銳度，以掌握兒少照顧者的存在。我們將視全國調查的結果，決定如何從這部分做起。」

也有意見認爲，菅政權的亮點政策之一「孤獨、孤立對策」，亦應涵蓋兒少照顧者。負責推動該政策的三ッ林裕巳內閣副首相，即在二月二十五日，於自己的臉書中展現積極態度，表示「希望妥爲納入兒少照顧者課題，逐步往前邁進」。

對於政府雖仍處於嘗試摸索階段，但也總算成立專案小組之舉，民間的支援團體相關人士大多予以肯定，持歡迎態度。支援家庭照顧者的「日本照顧者聯盟」代表理事堀越榮子（日本女子大學名譽教授），也藉機同時提出要求，表示「政府進行政策化的舉動雖值得歡迎，唯支援多樣化的兒少照顧者並非易事。必須營造孩童可安心發出求救訊號的環境，建立可在第一線提供合乎當事人需求的支援方案之體制」。

事實上，成立專案小組一事，已在國會議場上被公開。

三月八日的參院預算委員會中，公明黨的參院議員伊藤孝江即質詢指出「必須在社會提升兒少照顧者概念的認知度，正確擴大理解」。這種國會議員盤點隸屬同黨的「政務三役」負責之政策，令其於答辯中宣揚「本黨有如此這般積極作爲」，乃是政界慣用的自我標榜手法，不限於公明黨。

起而答辯的厚勞省副大臣山本於是表明，三月中即會設立專案小組，由自己和文科省副大臣丹羽秀樹共同擔任議長。「若要早期發現兒少照顧者、提供支援，則社福、照護、醫療、教育等各種領域的串聯整合，將是重要關鍵。我們將推動相關單位串聯合作，研擬支援方案」。他亦指出，由於家庭內的敏感問題、當事人和家人缺乏「需要支援」的自覺等因素，以致兒少照顧者問題，存在兒少照護負擔不易浮出表面的結構。

質詢的最後，伊藤詢問菅義偉首相的看法。

「這是個必須打破部會藩籬，共同投入解決的課題。需要首相發揮強大的領導能力。請首相表明對兒少照顧者問題的包容、決心。」

「我想從小就要照顧體弱多病的父母、照料有身心障礙的手足，以致無法上學、不能與友伴交遊等，無法過著兒童應享有的生活，是非常辛酸難過的事。我明白這些狀況的背後有照護父母、身心障礙、貧困等各種錯綜複雜的因素交織，爲期適切因應此複合性因素，我們將在跨部會的小組中，一步一步妥爲進行，期能提供貼近當事人需求的支援。」

菅首相看著官僚準備的答辯書，語氣平淡地照稿逐字唸完。看不出有特別的熱忱。不擅作秀的菅義偉那「照本宣科」的讀稿機模樣，日後將會在新冠疫情因應腳步凌亂、東京奧運舉辦與否等相關爭議中，飽受批評。即便如此，他的照稿演出，依然不影響現任首相首次公開表明支援兒少照顧者的事實。出身政治部、習於撰寫國會稿件的田中，將這些答辯內容整理後，寫成報導。

為何不幫我洗？

就在政府內部研商腳步日趨緊湊的不久前，採訪組就已開始撰寫鎖定兒少照顧者支援現狀及課題的報導。採訪組所有的成員都抱有共同的問題意識，知道全國性調查不是終點，如何提供支援才是重點。另一方面，由於「每日新聞社」四月的人事異動，已決定將採訪組所屬的特別報導部裁撤，因此採訪組處於不知邁入新年度後會否存續的狀態。種種緣由讓採訪組認爲，「最好把全國性調查當成一個分水嶺」，另外也還有一個意圖，那就是，想趁現在趕快把那些過去採訪所得，卻一直無法放進報導的結果，進行刊登。

長達一年以上採訪眾多當事人、研究人員，從中切身感受到的支援課題、中央和地方公部門、民間團體的活動等，全都被集中彙整，寫成原稿。

〈摸索防孤立支援　非屬既有制度範疇〉

刊登在三月十三日早報的長篇分析文章，在參酌眾原兒少照顧者的陳述後，就目前的醫療或社福等公家服務，何以一直未能助兒少照顧者一臂之力，進行了檢視。

「爲何不幫我一起洗？」

三十一歲、住在橫濱市的沖村有希子，一直忘不了國一感受的滿腔憤怒。有希子的母親因爲遭逢交通事故，成爲手腳行動不便的身障者。那是她看到前來協助母親的居服員，把她和媽媽一起放在洗衣機裡面的衣物單獨挑出來，不洗她衣服時的事。

有希子約莫小學六年級就開始照護身爲單親媽媽的母親。因爲使用身心障礙福利服務，所以相關單位有派遣居服員前來協助母親。然而，不管是煮飯做菜、洗衣等，居服員提供家事援助的對象，制度上係僅限有身心障礙的當事人。因此，居服員雖會洗母親的衣服，卻不洗有希子的衣服。

「如果等我女兒放學回家再自己洗，會來不及隔天體育課前曬乾。這樣我女兒會很可憐，請幫她一起洗吧。」

因爲體育服只有一件，所以母親這麼拜託居服員們。有的居服員會暗地答應母親，表示「兩個人的衣物混在一起，根本分不清楚，也許可以一起洗喔」。但是，大部分的居服員都會拒絕母親的請託，表示這麼做的話，自己會丟工作。

早餐也一樣。有的居服員會佯裝「不小心煮太多」，連同有希子的份也一起煮好，但是也有人堅持只煮母親的份。

有希子升上國中後，這樣的情況更嚴重。碰到這種時候，上學途中買的果凍飲料就是有希子的早餐。晚餐吃母親中午吃剩的飯菜之情形，也屢見不鮮。而這其實是母親拜託居服員，說「因爲我中午吃很多，所以請多煮一點」，再刻意留給有希子的剩飯剩菜。

「在居服員眼裡，國中生已經『等同大人』，所以不願幫忙。」有希子如此回想。

據厚勞省表示，身心障礙福利服務的家事援助中，設有「育兒支援」的機制，以協助父母為身心障礙者的孩童的生活。唯幾歲以內的孩童才符合「育兒」要件並予以支援，則沒有明確的基準。至於主要用於高齡者照護的「照護保險」制度，則是本就不允許居服員援助受照護者以外的其他人。

有希子因為照護疲勞，常在學校上課時打瞌睡。成績也退步了。因為進行家庭訪視而知道內情的導師，對她極表關心，常會問她「最近還好嗎？」導師的關心給有希子帶來安慰，讓她的孤立感稍有減輕。雖然用獎學金完成大學學業，畢業後也順利就業，任職的公司卻無法接受員工休假進行照護工作的「照護特休」。不得已的她，只好選擇離職。

那之後，有希子自行創業，成立派遣居服員的障礙福利事業所。身為兒少照顧者與業者雙方立場的理解者，為了支援兒少照顧者和青年照顧者，她訴請政府把援助「未滿十八歲或青年、學生照護者」加進基準中。

有位原爲兒少照顧者的男性（二十三歲）則一直支持著罹患憂鬱症的母親，成爲她的精神支柱。

他如此形容當時感到的孤獨：「窒息、難以言喻的不自由感」。該男性自國中時期以來，一直與母親兩人相依爲命。母親言行不穩定，常動不動就對他說「一起死吧」等喪氣話。他除了包容，也會陪同一起購物。

在母親的期望之下，他們換了環境，搬離原來的住處。新家所在地，雖然公共交通工具鮮少，不方便他通學，但他仍辛苦忍耐，告訴自己這都是「爲了母親」。

母親因爲疾病的關係，不擅與人交往。時而前來訪視的民生委員是他們和社會重要的聯繫，但是這個聯繫也隨著搬家而失去。

母子在社區中處於孤立狀態。由自治體提供學用品費用等補助之「就學援助制度」，也在他上高中後即被排除在對象外。面對即將到來的大學升學，經濟面的不安也隨之擴大。

然而，他卻無法開口對朋友或學校老師說出心中苦惱。也不知道有學校社工師之類的諮詢窗口。他說，即使被指引了諮詢窗口，他也不確定會不會說出家中狀況。

「雖然知道說出來，心裡會比較輕鬆，但是因爲會顧慮旁人眼光，所以應該很難前去諮詢吧。」

如今的他，是個離開母親身邊，在研究所過著研究生活的研究生。諷刺的是，母親症狀更進一步惡化後，反倒能再接受非營利團體等社區支援。據他表示，民生委員也已重啓固定訪視的模式。

對兒少照顧者孩童、孩童照顧的對象家人而言，目前有什麼樣的支援機制、要怎麼做才能觸及該機制？孩童實難憑一己之力，找出相關機制並觸及。在各種既有制度的夾縫中孤立無助、狀況未獲改善的兒少照顧者，應該不在少數吧。

兒少照顧者常孤立在周遭之外的原因，有部分也和當事人的心態有關。

例如，有些孩子覺得「因爲是家人，所以自己理當承擔照顧工作」，而任勞任怨地接受。例如，有些孩子因爲不想讓朋友或其他大人覺得自己「很可憐」，而獨自承受所有煩惱。

那麼，對於不易對外求救的孩童，站在支援方的公部門和私部門，又是如何面對的呢？

一般社團法人「照顧者行動網絡協會」（Carer Action Network Association）的持田恭子，曾前往被視爲兒少照顧者支援的先進國家——英國考察。其後，持田將考察成果充分發揮，從二〇二〇年開始，投入舉辦國高中兒少照顧者的「聚會」。

孩童有時會有無法立刻向旁人說明煩惱或想法的情形。爲此，其總是謹記要與孩童多方對話，一點一點引導他們說出來。另外，據持田表示，爲方便他們接觸支援資訊，他們也會發揮巧思，善用年輕人熟悉的社群媒體等工具。

「讓他們知道對照顧家人抱有錯綜複雜的情緒沒什麼不對、有大人是站在他們這邊，乃是支援的第一步。」

此外，地方自治體、照護專業人員也已開始投入各種努力。

給希望取得照護支援專員資格的民眾，報考的全國性考試（照護支援專員實務研修受訓測驗），在二〇二〇年度的試題中，有一題即問及，如何對應「八十歲長者平日由孫子照護」的案例。這是首度在考試中，出現兒少照顧者相關試題。看來在擬定家庭照護計畫的照護支援專員業界，也對兒童照護家人的問題意識，重新加以關注。

東京都江户川區則是根據公民團體主導的實況調查結果，製作影片作爲教材。影片收錄原兒少照顧者口述經驗談的情景等。並修訂照護支援專員擬定照護計畫之際的準則，載明「（過度負擔有對兒少照顧者的）健康或生活、人生帶來負面影響之可能，應考量減輕負擔」。

家人照護負擔實況，難以浮出檯面的原因中，當然有成人端的問題。此即，周遭成人視「兒少照顧者承擔家庭內照顧」爲理所當然，並將其算成一個與其他成人一樣的人力，且各種制度亦一直以此爲前提。

「現行社福制度欠缺『支持照顧者』的視點。比方說，以照護保險制度的居服員家事援助服務而言，是否應考慮向有兒少照顧者的家庭放寬相關使用要件？」

淑德大學的教授結城康博（社會福利學）在接受《每日新聞》採訪時，建議應重新審視現行制度。

唯在跨社福、醫療、教育等多個領域的兒少照顧者問題上，打破所謂「縱向行政」藩籬的門檻極高。前面曾提及兒童端的心態，而萬一發生「需要支援的可憐孩童」等單方面貼標籤的情況時，反倒有在心理上將兒少照顧者逼入絕境之虞。

一位曾是兒少照顧者的過來人即表示，當其回顧過往照顧家人的歷程時，在受成人干涉介入的事情上，實不曾有過好的回憶。「可以拋開照顧工作的學校時光，是一種療癒。然而，被老師強烈規勸與學校諮商員面談，眞的非常痛苦」。顯見與誰諮詢、以及何時諮詢等時間點，亦應妥爲考量，讓孩童本身可以自行選擇。

報導刊登四天後的三月十七日，由厚勞省和文科省組成的專案小組，舉行了首次會議。爲瞭解其能否研商出打破政策縱向藩籬的宣導和支援方案，採訪組密切關注其發展走向。

「總之，務必要趕上政府的骨太方針」。於是，專案小組採取和全國調查的統計、分析作業，同時並進的方式，加緊腳步進行討論。厚勞省副大臣山本、文科省副大臣丹羽也必定出席每次會議，貌似態度積極、幹勁十足。

「長久以來厚勞省未進行調查，也一直未打出著眼於兒少照顧者的對策，實令人懊悔。」全國調查結果發表後，在專案小組的第二次會議中，山本如此表達反省之情。專案小組陸續實施對兒少照顧者專家、原兒少照顧者的訪談。

促使兒少照顧者一詞普及於日本國內的成蹊大澀谷智子，也是受專案小組訪談的專家之一。澀谷在出席者面前，再次指出當前狀況的問題點。

「孩童承擔照顧之狀況係，『家人的事由家人承擔』這個壓力強烈發揮作用的社會氛圍，影響波及下的產物。」

「醫療和社福的專業人員，總是視同住的孩童爲『非正式的社會資源』或『照護力』。」

曾照顧罕見疾病母親的男性，在訪談中如此回顧表示：

「每天忙於抽痰、輪椅移動輔助、用餐協助等照護工作，這對自己考大學、上大學後的生活、就業都造成了影響。如果年紀太輕，說明自己的處境就有其困難。難以對外人道的煩惱不勝枚舉。」

也曾接受《每日新聞》採訪的原兒少照顧者坂本拓，如此細數其照顧精神疾病母親的經驗：

邁向兒少照顧者支援之政府專案小組第一次會議。

「我從中學時期就開始傾聽患有憂鬱症和恐慌症的母親訴說心事。知道病名，則是上高中後。爲了母親，我決定守密。」

曾看顧重聽的弟弟、協助其課業的女性，則訴說兒少照顧者存在不僅止於狹義的「照顧」之課題：

「有時必須給自己養育殘障兒的母親情感面的支持，也會因爲受到周遭過度期待而感到沉重的壓力。」

住在兵庫縣尼崎市，擔任學校社工師的女性，則從其知悉照顧年幼弟妹孩童實況的立場，爲孩童代言，說出他們的感受：

「雖然一般常以爲，照顧年幼弟妹，比照顧高齡者或有身心障礙的家人輕鬆，然而，孩童很難承擔與成人相當的育兒工作。他們可能會把自己的期望排在其次，或是人際關係疏離等，對於孩童的人生將會造成重大影響。」

「自民黨照顧者議員聯盟」（會長爲前官房長官河村建夫）也在這個時期，籲請政府擬定具體的兒少照顧者支援方案。並提出在學校和社福單位舉辦研習及培育相關人才、善用地方自治體或民間之支援、普及判斷孩童是否需要支援的「評量表」等多項建議，以期能早期發現、諮詢和支援兒少照顧者。

另外，經採訪相關人士後得知，政府有意在二〇二一年度內，制訂兒少照顧者支援手冊。也就是要製作學校或教育委員會、政府社福部門、地區諮詢機構等相互串聯、共同提供支援的知識技能。

該相關人士表示，首先將明訂各個涉及孩童事務的機關扮演的角色，具體納入依個別孩童狀況而爲之資訊共享方式、資訊的提供窗口等。爲檢視都會區和地方鄉鎮兒少照顧者傾向的差異，亦考慮在多個地區實施模範計畫。

厚勞省於二〇一九年，對主管受虐兒等事務的市町村「要保護兒童對策地域協議會」（「要對協」）發文，通知其應就兒少照顧者問題，與相關部門串聯，並採取適切的因應措施。然而，以「要對協」而言，其會超越醫療、社福、學校、公部門等領域，積極採取行動、提供支援者，大多是嚴重的兒童受虐案例。兒少照顧者因爲涉及照護、照顧病人、貧困等各種家庭環境，因此僅以「要對協」爲核心，推動支援措施，實有其極限。

文科省雖也在同年對四十七個都道府縣的教育委員會，發文通知相同意旨，卻難謂學校有落實執行。

這些狀況，經由政府實施的全國調查結果，再次重新浮出檯面。

「如果相關機構不積極收集（資訊），就不會知道（需要支援的孩童）過去的資訊。」

「家人的問題極多，無法支援。不知道該去哪裡諮詢。」

「學生來自多個市，難以分別和各個地方自治體串聯。」

參加全國性調查的學校，提及上述苦惱。相對於此，也有學校報告相關案例說，拜市政府社福部門提供資訊之賜，方能察覺學生忙於照顧弟妹的狀況。

由多個機構串聯、共同努力的重要性，已深爲教育和社福第一線所認知。只是知易行難，各地仍處於摸索因應之道的狀態。政府相關人士強調表示：「若要讓接下來專案小組提出的支援方案有效發揮功用，連結各種涉及孩童事務之職業所需的手冊，將爲不可或缺。」

待解課題堆積如山

專案小組敲定方針，決定要在五月十七日的會議上，公布彙整今後支援政策的報告書。雖說從二〇二〇年度跨到二〇二一年度，不過，從首次會議到完成報告書，僅約兩個月時間，堪稱速度極快。

採訪組事先從相關人士處取得資訊，在專案小組開會當天的早報上，以頭版頭條報導此報告書的全貌。「每日新聞數位」則是在清晨五點即刊登了報導。盡早把發生的事、決定的事公諸於世，傳達給讀者知道，也是媒體的工作之一。

〈提供兒少照顧者家事支援　建置完善諮詢體制　政府今日公布〉

眉題的內容是，政府將以家有忙於看顧幼小弟妹或操持家事之孩童的家庭爲對象，研擬提供家事支援服務的新制度，以減輕這些孩子的負擔。

政府於四月公布的全國調查結果顯示，國高中生兒少照顧者照顧的對象家人，以回答「手足」的人數最多。由此可知，主要係由年長孩童代替父母，挑起照料弟妹、操持家事等重擔。然而，單憑照護保險制度、身心殘障福利等既有的公家服務，實難有助減輕孩童的負擔，此種現況經由專案小組的訪談，逐步浮出檯面。爲此，包括厚勞、文科兩省在內的專案小組成員，似研判有研議創設新制度之必要。

另外，報告書亦納入建置因應線上諮詢的完善體制等事項。這是考量孩童本身發出求救訊號的困難性，而提出的支援方案。對缺乏社會經驗又正值青春期的兒少而言，前往公家單位或找專家，諮詢家人隱情，其心理障礙極高一點，可說不言而喻。爲此，政府才會考慮推動利用社群網站進行諮詢、舉行線上當事人聚會等方案。再者，考量僅憑公部門之力，將無法提供全面周全的支援，亦應善用民間之力，充實相關體制，因此，政府也預計對從事這些活動的民間支援團體與地方自治體之間的串聯，提供補助金等。

全國調查結果顯示，有八成以上的國高中生回答「沒聽過兒少照顧者一詞」。由此可知，視照顧家人爲理所當然、不自覺負擔沉重的孩童不在少數。報告書也在「早期發現」兒少照顧者的考量下，把舉辦各領域專業人員的研習訓練等，人才培育加強項目，列爲主軸之一。爲了讓孩童本身瞭解可接受支援的可能性或必要性，進行宣導也極重要。政府亦將透過舉辦活動等方式，進行相關宣導，讓孩童廣爲週知。

除此之外，爲了消弭以孩童承擔照顧爲前提，擬定照護計畫等情事，政府將力促地方自治體廣爲週知、要求其仔細分析家庭環境。

未能就學的孩童是否是兒少照顧者？針對此問題，學校端在掌握的作業上有其困難。有鑑於此，政府把透過兒童委員或兒童食堂等社區的眼睛，「發現」兒少照顧者，定位爲極其重要，從而決定推動由地方自治體舉辦兒少照顧者研習。

在專案小組的訪談中，原兒少照顧者訴及「找工作之際，即便說明學生時代曾承擔家人照護，也無法獲得對方理解」。照顧家人的負擔，不僅對孩提時代造成影響，也常在成年後持續對未來有深遠的影響。有鑑於此，報告書也納入就業支援的必要性。並將力促就業服務站等機構深入理解兒少照顧者。

另外，全國調查結果顯示，知道兒少照顧者一詞的國高中生不到兩成，爲此，報告書將二〇二二年度之後的三年間，定位爲全力推動提高兒少照顧者認知度的期間，並揭櫫將前述不到兩成的認知度提高達五成之目標。

報告書所示主要支援方案如下：

◇早期發現或掌握

・推動地方自治體進行實況調查

・針對社福、照護、醫療、教育等專業人員、「兒童食堂」等社區支援者等，促其週知兒少照顧者、舉辦研習

◇具體支援方案

・推動當事人之線上聚會、建構使用社群網站之諮詢體制

・納入學校或教育委員會、政府社福部門等多機構串聯、支援之知識技能的手冊制訂

・研擬對家有照顧年幼弟妹孩童的家庭提供家事或育兒支援的制度

◇認知度的提升

・以二〇二二至二〇二四年度爲集中推行期，透過海報或辦活動等方式進行宣導。力求達到國高中生認知度五成之目標

如果政府想要譁眾取寵，大可高調打出設置「兒少照顧者專門諮詢窗口」或新部會、修法等方案。然而，實際的報告書，都是比較「樸實」或腳踏實地

的內容。厚勞省的相關人員如此說明：

「只要孩子願意，就有能傾聽其心聲的場所、有包容接納的大人——此種體制的完善建構，才是支援的基本。雖然沒什麼噱頭，但是，我們認爲，力促社會正確理解兒少照顧者的措施，才是最重要的。」

專案小組的報告書也記載了要求理解兒少照顧者的呼籲：

「必須留意也有覺得被人家知道家人狀況很丟臉、或照顧變成生存意義等情況。」

「首先應將心比心，傾聽兒少是否需要支援、希望提供什麼支援，這點也極重要。」

即便如此，全國性調查、專案小組報告書仍留下許多待解的課題。

全國性調查係以國中生、高中生爲對象，小學生則被除外。此係因經討論後研判，理解調查的提問內容、客觀回答自己的狀況，「對小學生太難」之故。一位厚勞省幹部也坦言如下：

「孩童應是成長到某個程度之後，才會挑起家人照顧工作吧。因此，有部分也是因為研判，相較年幼的小學生，國高中生應該處境更嚴苛，所以才將小學生除外。」

然而，小學生中確實存在兒少照顧者。

根據白梅學園大學於二〇一七年，針對東京都小平市十九個公立小學進行的調查結果顯示，三一九位作答的教師中，有一一五位（三六％）回答：「過去五年中曾有照顧家人的兒童」。進一步分析問卷的自由記述內容後發現，即便是低年級學童，也承擔家事或採購、傾聽有精神疾病家長心事等情感面的支持、陪同去醫院等工作。有缺席、遲到、忘東忘西、課業成績不佳等狀況的案例也不在少數。

雖然專案小組報告書所示支援方案，亦可適用於小學生兒少照顧者，不過，參與小平市學校調查的牧野晶哲助理教授如此表示：

「有的孩子小小年紀就要承擔家人照顧工作，從而對學業和友伴關係造成影響。不管是學校或社會，都應該要認知，掌握實際狀況、在影響變嚴重前盡早支援實有其必要。」

在兒少照顧者的發現上，除了學校等教育第一線或專業人員之外，專案小組也對兒童食堂或兒童委員等社區或民間的眼睛寄予厚望。然而，在兵庫縣營運兒童食堂的非營利機構相關人士，則訴求「公部門或學校端的合作態度、意識改革，實不可或缺」。

「即便發現兒少照顧者而找學校或社福窗口諮詢，然而，若非素行不良或受虐等案件，就不會被認真看待，這種事例屢見不鮮。」

發現後，若不能相互合作、設法支援，將無助於救助。據政府相關人士表示，今後即將制訂的手冊，其預定涵蓋的範圍，僅止步於行政機構的合作串聯。至於與民間、社區之間的資訊共享或串聯，究竟會發展到那個程度，尚不可知。

另外，全國性調查係依都道府縣的人口，抽取其中一成的公立中學和全日制高中，進行問卷調查。而回收率（推算）不過一成左右，單憑這樣的比率，能否鉅細靡遺地反映實際狀況，著實令人存疑。

不得不接受全國性調查有其極限的政府，已開始考慮委由各地方自治體自行進行調查。如此既可獲得更詳細的數據，亦有助擬定具實效性的對策。厚勞省幹部預期「如果由在地的自治體進行調查，回收率應會比政府調查來得高」。然而，如果調查手法或提問項目因自治體而異，將難以從中解讀全國的傾向。且或許也會出現批評聲浪，認爲政府是想把事情全盤丟給自治體。無論如何，政府已經有所準備，打算以負擔部分調查費用等方式，積極推動都道府縣或市區町村進行調查。

其後，菅內閣也於六月十八日，在內閣會議決議所謂的骨太方針「經濟財政營運與改革之基本方針二〇二一」。並在其第二章「引領下一時代之新成長源泉」中，於「創造共助共生社會」的項目裡，首次明載兒少照顧者的支援：「就兒少照顧者，投入推動早期發現和掌握、推行諮詢支援等支援方案、提升社會認知度等事項。」

此記述係沿襲自專案小組的報告書。這意味著，政府全體部門已對兒少照顧者問題有了共識。骨太方針係經過濃縮的精髓，以簡單扼要的表現方式，大略羅列今後的大方向，各部會將需依循此方向，逐步落實在具體的政策上。按理說，今後應也會對報告書所示支援計畫，正式編列預算。據悉，厚勞省已開始著手研擬減輕「手足照顧」負擔之家事支援服務。

就在政府的全國性調查和專案小組開會討論的前後時期，地方自治體研商兒少照顧者對策的動向，也漸趨顯著。《每日新聞》的各總部版和地方版，都陸續出現主跑政府單位的記者撰寫的相關新聞。

以下列舉一些二〇二一年春季之後的標題（日期爲刊登日）：

〈朝充實支援邁進、成立研究會　縣府、首次調查掌握二十五名〉（三月九日，德島版）

〈下個月神戶市開設諮詢窗口〉（五月十四日，兵庫版）

〈兒少照顧者條例全國第三例　名張市投入制訂〉（五月二十日、三重版）

〈大阪府教委　投入實況調查〉（六月二日，全國版）

〈縣府進行實況調查　預計今年秋季〉（六月二十二日，愛知版）

〈知事表明研擬「兒少照顧者條例」　道府提供支援〉（七月二日，北海道版）

〈「早期發現並提供支援」　札幌市投入年少照顧者調查〉（七月二日，

北海道版〉

〈入間市調查一萬人　包含所有小學中學和高中暨教職員〉（七月六日，埼玉版〉

〈兒少照顧者調查　對象五萬三千人　縣府自行實施〉（七月九日，山梨版〉

〈兒少照顧者一七七人　公立高三暨國三中六十四人「感到負荷沉重」縣教委調查〉（七月二十二日，奈良版〉

〈邁向支援「兒少照顧者」　京都市針對國高中生進行實況調查〉（七月二十四日，京都版〉

〈支援「兒少照顧者」　總社市提出條例案〉（八月十七日，岡山版〉

〈力促理解兒少照顧者　古賀市教委、製作宣導海報〉（八月二十六日，福岡版〉

「每日新聞數位」網站於七月，開設彙整一連串兒少照顧者報導的英文版特集網頁。系列報導的提案人、擔任第一代採訪組組長，並在二〇二〇年四月轉調大阪總部的向畑泰司，爲通知「大阪有其他報紙刊登這樣的新聞」，而聯絡其他成員的次數，愈來愈頻繁。

這對採訪組而言，堪稱是跌破眼鏡。看來日本社會似乎以著系列報導開始之初無法想像的速度，一舉動了起來。

不過，想當然爾，兒少照顧者們並不會因而立刻獲得救贖。

即便現在，每當報導刊登時，社群網站上依然有「第一次知道兒少照顧者一詞」等反應。這意味著連問題意識的滲透或理解，都才剛處於起步的階段。在兒少照顧者的支援上，課題尚堆積如山。

隨二〇二一年春季人事異動，《每日新聞》的兒少照顧者採訪組，也從東京總部的特別報導部，轉移到數位報導中心旗下。成員中，山田奈緒留任，田中裕之轉調其他部門，三上健太郎新加入。編輯則移交給川邊康廣。並在四月之後，仍持續報導兒少照顧者議題，像是，三上即深入追蹤以往無法切入的小學生兒少照顧者實況等。

另外更在六月的尾聲，開始進行新連載。介紹曾是家庭照顧者當事人的多位年輕人的半生軌跡。標題訂爲「給目前奮鬥中的你」。

這些受訪的年輕人，對現在此刻置身於照顧家人漩渦中的兒少照顧者孩童，發送如下訊息：

請別認爲無法溫柔對待家人的自己很差勁。

請不要責備自己。

不要一個人承受一切。一定有人願意對你伸出援手。

如果無法對任何人啓齒說出內心苦楚，那就不要勉強，不說也沒關係。

但是，一定要珍惜運動或音樂、朋友等現在喜愛的事物。

一定有人會包容接納你。

所以，請別放棄希望。

結語

首先，我要向閱讀到這裡的各位讀者們，致上由衷謝意，謝謝各位一路相隨，讀完這三百多頁的書。

偶然在街上或網路的書店，看到本書，並起心動念想說「試著讀一下後記看看吧」的朋友們。雖然用「翻閱時順便」這個說法不太妥當，不過若您能在隨意翻閱本書時，順便先行閱讀，描寫採訪組的報導過程、兒少照顧者孩童（雖然用「孩童」來形容十到十九歲年齡層是否恰當，在現代有點微妙）的體驗之本文，我們將更感榮幸。

本書在構成上，係採「故事」和「第〇章」交錯配置之形式。「故事」係，根據訪談內容，重構兒少照顧者們的實際態樣而成。「第〇章」係，從採訪組自己的全國統計，到政府的全國性調查之採訪過程、第一線的對談或迷惘等描述。至於採訪組的問題意識，因自認已在本文有所著墨，故此處不再深入說明。

二〇一九年秋季成立的採訪組，雖有記者或編輯等成員的些許更迭，但仍一路持續報導至今。雖略顯囉唆，不過若依時間先後，將成員變動做一整理，將如下所示。

二〇一九年秋至二〇二〇年春　向畑泰司、田中裕之、松尾良（編輯）
二〇二〇年春至二〇二一年春　田中裕之、山田奈緒、松尾良（編輯）
二〇二一年春　山田奈緒、三上健太郎、川邊康廣（編輯）

誠如所見，兒少照顧者採訪組成立以來，約莫一年半時間，即歷經記者全體更迭之略顯不合常規的歷程。由於書中採訪者的名字也頻繁變動，因此或有讀者感到讀來不易。唯這也是公司內部的人事異動安排，若能蒙讀者體諒，理解原來新聞記者也是授薪階級、身不由己，將不勝感激。這些抱著依依不捨心情，將後續託付給交接成員的記者們，在調動到其他部門後，也依然明裡暗裡、鼎力協助著採訪組。

記憶中，隨採訪組成立並持續進行採訪，過程中，成員之間自然而然逐漸形成一些默契和共識。

共識之一即是，不要僅僅只是把兒少照顧者當成「可憐的孩子」進行報導。當然，明白揭示其作為支援制度不周、旁人的不理解、被「家人就該照料家人」等社會價直觀所束縛之受害者的面向，自是有其必要。然而，何以他們多半係自願主動照護家人？對唇齒相依、共生共存的家人之愛、無法改變出生在這種家庭之斷念等，此處似乎映照出錯綜複雜的情感。即便未進行照護工作的人，也曾對家人抱有此種感受，這點，相信任何人都或多或少有過一次經驗吧？

原兒少照顧者們常說出，「也有能讓我覺得因爲進行照護，而獲益良多的事」等語。也因此我們戒愼恐懼，深怕身爲外人的採訪組，將他們千篇一律貼上「好可憐！」的標籤、只向世人訴求他們喜怒哀樂當中的「怒」和「哀」之報導，將導致全盤否定他們半生經歷之自以爲是的傲慢。本書之所以連同他們的「喜」、「樂」也一併加以描寫，乃是出於個人拙見，尋思藉由如實提示兒少照顧者問題的複雜性，或能促使各位讀者設身處地，思考「如果是自己會怎麼做」、「什麼才是最佳之道」。兒少照顧者孩子們的境遇，甚至令人覺得含有，無關有無照護，人生的本身所面對之某些普遍性的難題。

另一方面，新聞刊登後，在原兒少照顧者讀者寄來的信件中，也有爲數眾多令人心痛的內容。包括，對自己迄今爲止的半生歷程之感傷、憤怒、感嘆；

即便已長大成人，孩提時代照護家人的負面影響依然存在；或是尚置身於不得不繼續照護的環境，等等。甚至也有令人看了不禁要懷疑，這豈非已接近家暴或棄養之類的案例。也有引發採訪組成員討論，認爲一切可能起因於家境貧困之其他案例。

經由採訪，逐漸浮現的兒少照顧者問題乃是，少子高齡化和小家庭化、行政財政惡化、社區共同體稀薄化、貧困、單親家庭增加、家庭暴力等，日本社會面臨的扭曲現象的縮影。哪些是兒少照顧者問題，哪些不是？照顧負擔要沉重到哪個程度，才可稱爲兒少照顧者？這些問題，極難涇渭分明地清楚劃分，也因此，支援的方式，勢必會在今後更進一步受到考驗。

撰寫本書之際，個人曾拜託執筆的向畑泰司、山田奈緒、田中裕之等三位記者一事。「希望你們在敘事手法上，各章要寫的像偵探小說，描述原兒少照顧者半生歷程的故事，則要寫得像文學作品」。雖然連我自己都覺得，對非小說類的書籍來說，這種指示很奇妙，不過，打從開始在《每日新聞》的版面連載專題系列報導以來，我就一直諄諄提醒他們，「寫出來的文章，要足以吸引尚與照護無緣的人閱讀」。請容我出言不遜地這麼說，如果只有已認知問題的人理解，那麼再怎麼炒熱話題，兒少照顧者問題還是不會滲透到社會各角落。要怎麼做，才能把兒少照顧者問題，傳達給一無所知的人，特別是年輕世代（若用選舉來比喻的話，就是無黨派族群）？這是我在這樣的困惑中，下達的指示。

雖然也有記者對報導方的自己在文中登場，感到興趣缺缺，但我仍堅持要求他們，在各章以第三人稱，一五一十地寫下採訪的過程。因爲這是個不太需要像醜聞和事件般「潛入採訪」的議題，也鮮少報導關係上需隱匿的情事，故而得相當原原本本、如實描述採訪過程（順帶一提，本書篇幅約爲報紙刊載時的三倍，可說兩者幾乎是完全不同的東西）。此係因個人覺得，如果那些栩栩如生的行動，能吸引讀者的關心，將可促使更多人閱讀之故。因此，若有讀者覺得「淨寫些內幕秘辛，無聊透頂」，這絕非記者們的責任，完全是身爲編輯的我，能力及文筆力不足所造成。容我在此致上萬分歉意。

報紙刊載時的專題系列報導名稱，之所以訂爲「兒少照顧者　年幼照護」，也是基於類似的理由。細節詳述於第一章。我一開始就明白，在範圍廣泛的家庭照顧中，「照護」一詞，尤其恐有誘導讀者聯想到「高齡者的身體照護」之虞。事實上，專題系列報導開始連載未久，也的確收到部分讀者的指責指教。

即便如此，我們還是明知故犯地，刻意採用了這樣的「戰術」，試圖先用「照護」的標題，吸引讀者的目光，再由此慢慢地將廣泛的家庭照顧之實際狀況，逐漸傳遞給讀者。不管是報紙或本書，在本文中，都對兒少照顧者的行爲，分別使用照護、看護、照料、照看、照顧等多種用語來形容。採訪組的意圖究竟有無獲致成功，則僅能全權委由讀者判斷。

本書在出版的過程中，承蒙許多人的協助。謹此，向時任採訪組隸屬的特別報導部的部長、指揮初期專題系列報導，並以上司的身份給予我們各種建議的井上英介先生，致上最深的謝意。接任部長並指揮率領我們的前田幹夫先生、協助處理連載等照片的相片部同仁們、爲我們安排大幅版面以展開專題系列報導的各總部編集局的先進們，若非有各位的鼎力相助，別說不會有本書的出版，或許連專題系列報導都無從開始。謹此敬致衷心謝意。

「每日新聞出版」的八木志朗先生，於本書的構成等方方面面，總是不厭其煩地，盡心回應我們任性的要求。若無八木先生的盡心盡力，無庸置疑地，本書應無法順利完成。

最後也是最重要的是，對於不是能輕易對外人坦言的家庭情事，接受我們訪談，鼓起勇氣現身說法，說出實際狀況的各位原兒少照顧者、現任兒少照顧者。從旁支持暗中摸索而常偏離主軸的採訪組、給予我們各種建議的各支援團體、企業、專家學者。寄來對報導有助益的寶貴意見或體驗的各位讀者。真的非常謝謝你們。

衷心期盼我們的努力，能對「兒少照顧者」這個新社會問題有所幫助。

二〇二一年十月　寫於等待混亂的眾院選舉公示之日

《每日新聞》政治部副部長（前特別報導部副部長）　松尾良

i生活 38

身爲守護者的少年們
ヤングケアラー 介護する子どもたち

作　　者　每日新聞編輯部取材組
譯　　者　蕭秋梅
封面設計　鄭婷之　排　　版　游淑萍　編輯協力　張宜均
責任編輯　李岱樺　行銷企劃　呂玠忞　副總編輯　林獻瑞

出　　版　好人出版／遠足文化事業股份有限公司
發　　行　遠足文化事業股份有限公司（讀書共和國出版集團）
地　　址　231 新北市新店區民權路108之2號9樓
電話 02-2218-1417
官方網站 http://www.bookrep.com.tw
郵政劃撥　19504465　遠足文化事業股份有限公司
電　　話　02-2218-1417
信　　箱　service@bookrep.com.tw

法律顧問　華洋法律事務所　蘇文生律師
印　　製　中原造像股份有限公司

出版日期　2024年1月　初版一刷
定價　新台幣490元
ISBN　9786267279540（平裝）
9786267279557（電子書EPUB）
9786267279564（電子書PDF）

國家圖書館出版品預行編目(CIP)資料

身爲守護者的少年們／每日新聞編輯部取材組作；蕭秋梅譯.
-- 初版. -- 新北市：好人出版：遠足文化事業股份有限公司,
2024.01
368面；14.8*21*2.2公分. --（i生活；38）
ISBN　978-626-7279-54-0（平裝）
譯自：ヤングケアラー介護する子どもたち
1.CST: 少年 2.CST: 照顧者 3.CST: 日本

544.6　　112020485

讀者回函QR Code
期待知道您的想法

發行平台
BOOK REPUBLIC
讀書共和國出版集團